Abraham Lincoln

세상을 감동시킨 링컨의 명언

세상을 감동시킨

링컨의 명언

Quotes of Abraham Lincoln

아버지가 존경하셨던
어네스트 에이브(Honest Abe)

● 추천의 글

　우리나라 민주주의 교육의 태두이셨던 오천석 박사는 에이브러햄 링컨(Abraham Lincoln)의 별명이 어네스트 에이브(Honest Abe)라는 사실에 매우 동감하시고, 무너져 가는 사회질서를 바로잡는 정도(正道)는 '정직(正直)'을 우리나라 젊은이들에게 가르치는 일이라고 말씀하셨습니다.

　과학자인 역자가 선친인 오천석 박사의 뜻을 기리고자 링컨의 주옥 같은 명언(名言)을 추려 한 권의 책으로 엮어 세상에 내놓게 되었으니, 이 얼마나 뜻깊고 다행스러운 일입니까!

　특히 역자는 과학도다운 섬세함으로 링컨의 명언 한마디 한마디를 정성스럽게 우리말로 옮겨, 원문과 함께 실었습니다.

　이 책이 다양한 분야에 종사하는 많은 분들에게 삶의 교훈과 지침서로서 충실한 주춧돌의 역할을 할 것을 믿으며, 기쁜 마음으로 축하하는 뜻을 담아 한마디 적었습니다.

2019년 10월 14일
91세 노인 김동길
(연세대학교 명예교수, 링컨아카데미 원장)

● 책을 펴내며

　많은 말씀 중에는 가슴에 담아 두면 일생 동안 힘이 되는 말이 있는데, 이를 우리는 명언(名言)이라고 합니다. 말에는 씨앗이 있어서 말 대로 이루어진다는 우리 속담도 있습니다. 또한 역사적으로 위대한 인물의 명언을 통하여 그분의 훌륭한 인격을 본받을 수 있는 귀한 기회를 얻게 됩니다.

　미국 제16대 대통령으로서 전 세계인의 존경을 한 몸에 받아 온 에이브러햄 링컨(Abraham Lincoln)은 흙수저의 몸으로 태어나 황금수저의 영예를 차지한 전설적인 인물입니다. 링컨은 1861년 대통령의 직에 오른 후 남북전쟁을 성공적으로 종결시켰으며, 그 결과 노예해방이라는 엄청난 과업을 성취하였습니다. 또한 자유민주주의 국가 체제를 확립하고, 그 유명한 '게티즈버그 연설(Gettysburg Address)'을 한 장본인이기도 합니다.

　그는 본질적으로 주어진 일에 대한 집념과 향학열이 강하고, 기독교 정신으로 무장된 정치가였습니다. 그러나 화려함보다는 순탄치 않은 삶을 짧게 살다 간 'Honest Abe(정직한 에이브러햄)', 우리는 지금도 그를 존경해 마지않습니다. 19세기 중반에 그가 남겨 준 명언들은 21세기를 살고 있는 우리가 본받아야 할 가치를 놀랍게도 많이 지니고 있습니다. 이러한 내용은 그가 후세를 위하여 남긴 명언들을 통하여 이 책 속에 그대로 함축되어 있습니다.

이 책에는 수많은 그의 명언들 중에서 현대를 살고 있는 우리와 미래를 살아갈 후손에게 삶의 양식이 될 만한 것들을 엄선하여 400여 개를 번역하였으며, 찾아보기 쉽도록 주제(keyword)별로 분류하여 수록하였습니다. 특히 원문을 직역하여 독자들로 하여금 원문과 번역문을 비교할 수 있도록 하였고, 각주와 의역도 첨가함으로써 독자의 이해를 돕도록 노력하였습니다. 또한 부록에는 명문 중의 명문 70여 개와 명문 중의 유머 10여 개를 별도로 수록하였습니다.

이 책을 숙독함으로써 한 시대의 위대한 인물이 후대를 위하여 남긴 주옥같은 지혜를 독자들이 마음껏 공유하여, 어려운 시대를 살아가는 우리에게 조금이나마 도움이 되기를 희망합니다.

이 책을 완성하는 데 큰 도움을 주신 링컨아카데미 원장 김동길 박사님, 김정실 박사님, 김상현 시인님 그리고 항상 응원해 주신 매형 박영환 장로님, 오선경 누님, 아내 강혜연 여사를 비롯한 가족들, 더불어 링컨아카데미 회원님들(부록에 명단 첨부)께도 깊은 감사를 드립니다.

2020년 3월
역자 오정무

● 차례

제1장 25

가정 home, 개성 character, 거짓말/속임수 liar/lies, 건강 health, 겁쟁이 coward, 게티즈버그 연설 Gettysburg Address, 격정/열정 passion, 견해 view/point of view, 결혼 marriage, 경제 economy, 계획 plan, 공인 public man, 공평성/정의 justice, 과거 past, 관심 concern, 교육 education/learning, 교제 companionship, 교회 church, 국가 nation, 국민/시민 people, 국민 정서 public sentiment, 국방 defense, 군대 military, 권리 right, 글 writing, 금력 money power, 기도 prayer, 기회 chance, 꿈 dream

제2장 51

낙천주의자 optimist, 남북전쟁 the Civil War, 노동 labor, 노예제도 slavery, 노예해방 emancipation, 노예해방선언서 발췌 excerpt from the Emancipation Proclamation, 논란 controversy, 논쟁 argument, 농담 joke, 농업 agriculture, 능력 ability

제3장 65

담화 speaking, 당황 embarrassment, 대출 borrowing, 대통령 president,

대통령직 presidency, 덕목 virtue, 도덕 moral, 도움/지원 help, 독립기념관 Independence Hall, 독립선언서 Declaration of Independence, 독서 reading, 독재 tyranny, 동물 animal

마음 mind, 맛 taste, 명마 good horse, 명분 cause, 명예 honor, 모습 appearance, 목적 purpose, 문명 civilization, 문제 trouble, 미국 America, 미래 future, 미합중국 Union, 민주주의 democracy, 믿음 belief/trust

바람 wind, 바보 fool/sucker, 반란 rebellion, 밧줄 rope, 번영 prosperity, 법률 law, 변호사 lawyer, 보수주의 conservatism, 보장 security, 봉헌 consecration, 부(富) riches/wealth, 부정행위 knavery, 비밀 secret, 비참 misery, 비판 criticism

사람 man, 사람들 people, 사업 business, 사회 society, 삶/인생 life,

상황 things, 생명 life, 생활신조 religion, 선거 election, 선택 choice, 설명 explanation, 성경 Bible, 성공 success, 성장 growing, 성취 achievement, 소멸 disappearance, 소통 communication, 속임수 deceit, 수염 whisker, 슬픔 sorrow, 승리 triumph/victory, 시간 time, 시련 ordeal, 신념 faith, 신뢰 confidence, 신앙 faith, 실수 mistake, 실천 practice, 실패 failure, 심부름꾼/ 하인 servant, 심적 고통 heartache, 싸움 fight

제8장 125

아이디어 idea, 악의 malice, 안전 safety, 암살 assassination, 애국심 patriotism, 야망 ambition, 약속 promise, 어린이 child, 어머니 mother, 언쟁 quarrel, 얼굴 face, 여론/민심 public opinion, 여성 woman, 역경 adversity, 역사 history, 연설 speech, 영광 honor, 영속성 perpetuity, 영웅 hero, 예의/범절 manners, 예측 predictability, 옳고 그름 right & wrong, 욕심 greed, 용기 courage, 우울감 melancholy, 우정 friendship, 웃음 laughter, 원인/이유 cause, 원칙 principle, 위대함 greatness, 위선자 hypocrite, 위원회 committee, 위험 danger, 음주벽 Intemperance, 의무 duty, 의심 suspicion, 의지 determination/will, 이야기꾼 storyteller, 인간성 humanity, 인격 personality, 인내/인내심 patience, 인류애 brotherhood, 인생 life, 인정 recognition, 일 event/work, 임금 wage

제9장 161

자본 capital, 자비 mercy, 자유 freedom/liberty, 자존심 self-respect, 자치정부 self-government, 잔인 cruelty, 장군 general, 재난 trouble, 재산 property, 적 enemy, 전략 tactic, 전쟁 war, 전쟁법 law of war, 절제력

사진으로 보는 링컨의 일생

In This Log Cabin in Hardin County, Ky., on Feb. 12, 1809, This Great Man was Born.

(1809년 2월~1816년 12월) 링컨이 살았던 최초의 통나무집(Log Cabin)
켄터키주 하딘카운티(Hardin County) 호젠빌(Hodgenville)

(1830~1836년) 링컨의 청년기 동상
(Book & Axe Statue) 일리노이주 뉴세
일럼 주립공원(New Salem State Park)

(1834년경) 링컨의 첫사랑 앤 러틀리지
(Anne Rutledge)(출처:Erin Ishimoticha)

(1841년) 결혼 1년 전, 링컨이 아내 메리 토드(Mary Todd)에게 선물한 금 회중시계

(1842년경) 결혼 당시의 링컨과 아내 메리 토드

(1856년경) 링컨의 변호사 시절 저택
일리노이주 스프링필드(Springfield)

(1861년 2월~1865년 4월) 링컨 대통령 시절의 백악관
워싱턴D.C.

(1861년 3월 4일) 링컨의 제1기 대통령 취임식 광경
국회의사당 앞, 워싱턴D.C.

(1861년) 에이브러햄 링컨의 가족
왼쪽부터 2남 에드워드 베이커 링컨(Edward Baker Lincoln), 아내 메리 토드(Mary Todd),
3남 윌리엄 월리스 링컨(William Wallace Lincoln), 장남 로버트 토드 링컨(Robert Todd
Lincoln), 4남 토머스 "테드" 3세 링컨(Thomas "Tad" III Lincoln), 에이브러햄 링컨
(화가: Francis B. Carpenter, 1865년경 제작)

(1862년 1월 1일) 링컨 대통령이 백악관에서 개최한
신년 축하연에서 손님들을 접대하는 광경(출처: Harper's Weekly, 1862)

(1863년 1월 1일) '백악관 내각회의에서 노예해방선언서를 처음 공표하다'
(화가: Francis B. Carpenter, 1864)
워싱턴D.C. 국회의사당 상원의원회관(Senate Wing of the US Capitol)

(1863년 7월) '게티즈버그 전쟁(The Battle of Gettysburg)'(석판 인쇄: Currier & Ives)
워싱턴D.C. 미국의회도서관(Library of Congress)

(1863년 11월 19일) 링컨의 게티즈버그 연설을 기념하기 위한
'링컨 연설기념비(Lincoln Speech Memorial, 1912년 완공)'
펜실베이니아주 게티즈버그 국립묘지(Gettysburg National Cemetery)

(1865년 4월 14일) 포드 극장(Ford's Theatre)에서 배우 존 부스(John W. Booth)에 의한
링컨의 암살 장면(석판 인쇄: Currier & Ives)
워싱턴D.C. 미국의회도서관

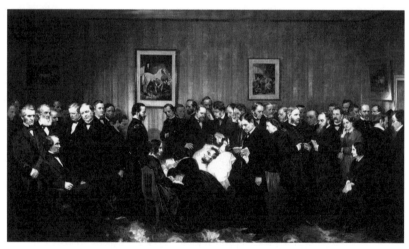

(1865년 4월 15일) '링컨의 임종'(화가: Alonzo Chappel, 1868)
일리노이주 시카고 역사박물관(Chicago History Museum)

(1874년 10월 15일 봉헌) 링컨 가족묘(Lincoln Monument)
일리노이주 스프링필드 오크리지 묘지(Oak Ridge Cemetery)

(1922년 5월 30일 봉헌) 링컨 기념관(Lincoln Memorial)
워싱턴D.C.

(1941년 10월 31일 완공) 링컨의 얼굴 조각(왼쪽으로부터 4번째)
사우스다코타주 러시모어산(Mount Rushmore)

제1장

가정, 개성, 거짓말/속임수, 건강,
겁쟁이, 게티즈버그 연설, 격정/열정,
견해, 결혼, 경제, 계획, 공인,
공평성/정의, 과거, 관심, 교육, 교제,
교회, 국가, 국민/시민, 국민 정서, 국방,
군대, 권리, 글, 금력, 기도, 기회, 꿈

가정 home

Here in my heart, my happiness, my house. Here inside the lighted window is my love, my hope, my life.

Peace is my companion on the pathway winding to the threshold. Inside this portal dwells new strength in the security, serenity, and radiance of those I love above life itself.

Here two will build new dreams, dreams that tomorrow will come true.

여기 내 가슴속에는 나의 행복인 집이 있습니다. 여기 불 켜진 창문 안에는 나의 사랑, 나의 희망, 나의 삶이 있습니다.

평화는 문지방으로 가는 구불구불한 오솔길 위에 있는 나의 친구입니다. 이 정문 안에는 내가 목숨을 초월하여 사랑하는 가족들의 안전, 평온, 그리고 찬란한 빛 속에서 새로운 힘이 살고 있습니다.

여기서 두 사람은 새로운 꿈들, 즉 미래에 실현될 꿈들을 꿀 것입니다.

개성 character

A man's character is like a tree and his reputation like its shadow, the shadow is what we think of it, the tree is the real thing.

한 인간의 개성은 나무와 같고, 그의 명성은 그 나무의 그림자와 같습니다. 그림자는 그 나무에 대한 우리의 생각일 뿐이며, 나무가 바로 실체이기 때문입니다.

개성 character

You can not build character and courage by taking away people's initiative and independence.

당신은 사람들의 진취성과 독립성을 빼앗아서, 그들의 개성과 용기를 북돋아 줄 수는 없습니다.

개성 character

In my entire life I have only met four 'perfect' people… and I disliked them all.

내 전 생애를 통하여 네 명의 '완벽한' 사람들을 만났습니다. 그리고 나는 그들 모두를 좋아하지 않았습니다.

[주] 세상 사람들은 아주 완벽한 사람을 별로 좋아하지 않는다는 뜻으로 풀이됩니다.

거짓말/속임수 liar

No man has a good enough memory to make a successful liar.

아무도 성공한 거짓말쟁이가 되기 위한 충분한 기억력을 갖고 있지 않습니다.

[의역] 거짓말이란 기억하기가 어려우므로, 거짓말로 남을 속일 만치 그렇게 좋은 기억력을 가진 사람은 없습니다.

거짓말/속임수 lies

You can always lie to others and hide your actions from them, but you can not fool yourself.

당신은 항상 다른 사람들에게 거짓말을 할 수 있고, 그들로부터 당신의 행동을 숨길 수 있습니다. 그러나 당신은 자신을 속이지는 못합니다.

건강 health

Do not worry, eat three square meals a day, say your prayers, be courteous to your creditors, keep your digestion good, exercise, go slow and easy.

Maybe there are other things that your special case requires to make you happy, but, my friend, these, I reckon, will give you a good lift.

걱정하지 마십시오. 하루에 세 번 정상적인 식사를 하십시오. 기도를 하십시오. 채권자들을 공손히 대하십시오. 소화가 잘 되게 하십시오. 운동하십시오. 천천히 그리고 마음 편히 사십시오.

특별한 경우에 당신을 행복하게 만드는 다른 일들이 있을지도 모릅니다. 그러나 친구여, 내 생각에는 위에 말한 것들이 당신의 건강을 좋게 만들어 줄 것입니다.

겁쟁이 coward

To sin by silence when they should protest makes cowards

of men.

사람들이 항의를 해야 할 때 침묵함으로써 죄를 짓는 행위는 그들을 겁쟁이로 만듭니다.

게티즈버그 연설 Gettysburg Address

Four score and seven years ago our fathers brought forth on this continent, a new nation, conceived in Liberty, and dedicated to the proposition that all men are created equal.

Now we are engaged in a great civil war, testing whether that nation or any nation so conceived and so dedicated, can long endure. We are met on a great battle-field of that war.

We have come to dedicate a portion of that field as a final resting place for those who here gave their lives that that nation might live. It is altogether fitting and proper that we should do this.

But, in a larger sense, we cannot dedicate, we can not consecrate, we cannot hallow, this ground. The brave men, living and dead, who struggled here, have consecrated it, far above our poor power to add or detract.

The world will little note, nor long remember what we say here, but it can never forget what they did here. It is for us the living, rather, to be dedicated here to the unfinished work which they who fought here have thus far so nobly advanced.

It is rather for us to be here dedicated to the great task remaining before us, that from these honored dead we take

increased devotion to that cause for which they gave the last
full measure of devotion, that we here highly resolve that
these dead shall not have died in vain, that this nation, under
God, shall have a new birth of freedom, and that government
of the people, by the people, for the people, shall not perish
from the earth.

Abraham Lincoln
Gettysburg Address
November 19, 1863

87년 전 우리의 조상들은 새로운 나라, 즉 자유를 구상(構想)하고 모든 사람들이 평등하게 창조되었다는 명제(命題)에 전념하는 나라를 이 대륙에 세웠습니다.

우리는 지금 마음속으로 구상하고 또 헌신한 그 국가가 혹은 어떤 국가일지라도, 오랫동안 지속될 수 있을지를 시험하는 중대한 남북전쟁을 벌이고 있습니다. 우리는 그 전쟁의 격전지였던 곳에 모여 있습니다.

우리는 여기서 국가를 살리려고 목숨을 바친 분들을 위한 마지막 쉼터로 이 전쟁터의 일부를 봉헌하게 되었습니다. 우리가 이러한 행사를 해야만 하는 것은 전적으로 적합하고 올바른 일입니다.

그러나 더 큰 의미에서 우리는 이 땅을 봉헌할 수 없고, 축성(祝聖)할 수 없으며, 신성하게 할 수도 없습니다. 여기서 분투하고 살아 있거나 돌아가신 용사들은, 우리의 약한 힘이 가감할 수 있는 것보다 훨씬 많이 이 전쟁터를 이미 축성하였기 때문입니다.

이 세상은 우리가 여기서 말한 것을 주목하지 못하거나 오랫동안 기억하지 못할 것입니다. 그러나 그들이 여기서 겪은 일들은 결코 잊을 수 없을 것입니다. 여기서 싸웠던 그들이 지금까지 아주 고귀하게 진전시켜 놓은 미완성 임무에 전념하는 것이 우리의 삶이 될 것입니다.

그들의 영광된 죽음과 연계하여, 그들이 마지막 최선의 헌신을 다한 대의명분에 대하여 우리가 더 한층 보답하는 것과, 그들이 헛되이 죽지 않았다는 것을 여기서 굳게 다짐하는 것과 하나님의 가호 아래 우리나라가 새롭게 탄생될 자유를 누릴 수 있게 되는 것과, 또한 국민의, 국민에 의한, 국민을 위한 우리의 정부가 결코 지구상에서 사라지지 않도록 우리 앞에 놓여 있는 중요한 임무를 수행하는 일에 우리는 전념을 다해야만 할 것입니다.

에이브러햄 링컨

게티즈버그 연설

1863년 11월 19일

[주] "of the people, by the people, for the people"이라는, 게티즈버그 묘지에서 한 명연설의 일부분은 미국의 유니테리언파 (Unitarian Church)의 목사이자 신학자 및 사회개량 운동가인 파커(Theodore Parker) 목사의 기도문(Prayers)에서, 링컨 대통령이 인용한 것입니다.

격정/열정 passion

Passion has helped us, but can do so no more. It
will in future be our enemy. Reason, cold, calculating,

unimpassioned reason, must furnish all the materials for our future support and defence.

격정은 과거에 우리에게 도움이 되었지만, 이제는 더 이상 그럴 수가 없습니다. 그것은 장차 우리의 적이 될 것입니다. 이성, 즉 차갑고 계산적이며 냉철한 이성이 우리 미래의 지원과 방어를 위한 모든 자료를 제공해야만 합니다.

[주] 여기서 'passion'이란 전쟁도 유발시킬 수 있는 격정을 뜻하며, 'reason(이성)'의 반대 개념으로 볼 수 있습니다. 전쟁으로 문제가 해결되는 세상은 이미 지났으며, 보편적 이성의 시대가 도래할 것임을 예측한 글입니다.

견해 view

Shades of opinion may be sincerely entertained by honest and truthful men.

정직하고 진실된 사람들은 여러 가지의 견해를 진심으로 받아들일 수 있습니다.

견해 point of view

We can complain because rose bushes have thorns, or rejoice because thorn bushes have roses.

우리는 장미 숲에 가시가 있다고 불평할 수 있습니다. 혹은 가시 숲에 장미가 있다고 크게 기뻐할 수도 있습니다.

결혼 marriage

Marriage is neither heaven nor hell, it is simply purgatory.

결혼은 천국도 지옥도 아닙니다. 다만 연옥(煉獄)일 뿐입니다.

[주] 연옥이란, 죽은 사람의 영혼이 천국에 들어가기 전에 남은 죄를 씻기 위하여 불로써 단련받는 곳을 의미합니다.

경제 economy

The habits of our whole species fall into three great classes, useful labour, useless labour and idleness.

Of these the first only is meritorious, and to it all the products of labour rightfully belong, but the two latter, while they exist, are heavy pensioners upon the first, robbing it of a large portion of its just rights.

The only remedy for this is to, as far as possible, drive useless labour and idleness out of existence.

우리 모두의 습성은 세 가지의 큰 계층, 즉 유익한 노동, 무익한 노동 그리고 실업 상태로 나누어집니다.

이 중 첫 번째 것만이 가치가 있습니다. 그리고 모든 노동의 결실이 그것에 정당하게 귀속됩니다. 그러나 나머지 둘은 존재하고 있는 한, 첫 번째에 대하여 그의 공정한 권리의 많은 부분을 도둑질하는 심각한 연금수급자들이 됩니다.

이를 위한 유일한 처방은 무익한 노동과 실업 상태를 최대한 없애는 것입니다.

경제 economy

Teach economy. That is one of the first and highest virtues.
It begins with saving money.

경제를 가르치십시오. 그것은 우선적이고도 가장 높은 덕목입니
다. 경제는 돈을 저축하는 것으로 시작합니다.

계획 plan

No exclusive and inflexible plan can safely be prescribed as
to detail and collaterals. Such exclusive and inflexible plan
would surely become a new entanglement.

배타적이고 융통성 없는 계획은 상세하고 부수적인 일을 안전하
게 규정할 수가 없습니다. 그런 배타적이고 융통성 없는 계획은 틀
림없이 새로운 혼란을 일으킬 것입니다.

공인 public man

The time comes upon every public man when it is best for
him to keep his lips closed.

공인(公人)들 각자에게는 그 자신을 위하여 침묵을 지키는 것이
최선일 때가 올 것입니다.

공평성/정의 justice

The severest justice may not always be the best policy.

아주 혹독한 공평성(정의)은 항상 최선의 정책이 되지 않을 수도 있습니다.

[주] 때로는 관용과 융통성도 인간의 삶에 꼭 필요한 덕목이 될 수 있다는 뜻으로 보입니다.

과거 past

Thus let bygones be bygones. Let past differences, as nothing be.

그러므로 지난 일은 지난 일로 내버려 두십시오. 과거의 서로 다른 점들을 아무것도 아닌 일로 취급하십시오.

[의역] 그러므로 지난 일을 잊고, 과거의 괴리(乖離)를 무시하십시오.

[주] 과거의 일이나, 과거의 잣대에 의하여 처리된 일들을 지금에 와서 따지는 것은 쓸데없는 짓입니다.

과거의 상반된 일들로 인한 좋지 못한 감정을 씻고 서로 관용을 베푼다면 어떠한 어려운 문제(issues)일지라도 슬기롭게 해결할 수 있다는 뜻으로, 링컨 대통령이 미합중국의 대통합을 이루어 낸, 근본적이고도 현실적인 정치철학의 근간입니다.

과거 past

As the problems are new, we must disenthral ourselves from the past.

(우리가 직면한) 문제들이 새로운 만큼, 우리는 과거로부터 우리 자신을 해방시켜야 합니다.

[주] 새 시대를 맞이한 우리 앞에는 새로운 책무가 산적해 있으므로, 과거의 일로부터 우리를 해방시켜 모든 힘을 새로운 임무에 쏟아부어야 한다는 뜻으로 풀이됩니다.

관심 concern

I am not concerned that you have fallen. I am concerned that you arise.

나는 당신이 쓰러진 것에 관심이 없습니다. 나는 당신이 다시 일어나는 데 관심이 있습니다.

[의역] 나는 당신이 몰락한 것에 관심이 없습니다. 나는 당신이 재기하는 데 관심이 있습니다.

교육 education

Education does not mean teaching people what they do not know. It means teaching them to behave as they do not behave.

교육이란 사람들이 모르는 것을 그들에게 가르침을 의미하지 않습니다. 교육은 사람들이 올바르게 행동하지 않을 때, 그들이 올바르게 처신할 수 있도록 가르치는 것을 뜻합니다.

교육 education

Upon the subject of education, I can only say that I view it as the most important subject which we as a people can be engaged in.

That everyone may receive at least a moderate education appears to be an objective of vital importance.

교육이라는 주제는 국민으로서 우리가 참여할 수 있는 가장 중요한 사안으로 볼 수 있다고, 나는 말씀드릴 수밖에 없습니다.

어쨌든 모든 사람들이 적정한 교육을 받아야 한다는 것이 극히 중요한 목표로 여겨집니다.

교육 education

Teach the children so it will not be necessary to teach the adults.

어린이를 가르치십시오. 그러면 장차 어른들을 가르칠 필요가 없게 될 것입니다.

교육 learning

If you understand what you are doing, you are not learning anything.

만일 당신 자신이 하고 있는 일을 알고 있다면, 당신은 아무것도 배우지 못하고 있는 것입니다.

교육 learning

He will have to learn, I know, that all people are not just, that all men and women are not true.

Teach him that for every scoundrel there is a hero, that for every enemy there is a friend.

Let him learn early that the bullies are the easiest people to lick.

모든 사람들이 다 공정하지는 않고, 모든 남녀가 다 진실하지는 않다는 것을 그는 알아야 한다고 생각합니다.

한 명의 악당당 한 명의 영웅이 있으며, 한 명의 적에 대응하는 한 명의 친구가 있다는 것을 그에게 가르치십시오.

타도하기 가장 쉬운 사람들은 약자를 괴롭히는 자들이라는 것을 그가 빨리 알도록 하십시오.

교제 companionship

Lonely men seek companionship. Lonely women sit at home and wait. They never meet.

외로운 남자들은 교제를 원합니다. 외로운 여자들은 집에 앉아서 기다립니다. 그러니 그들은 절대로 만날 수 없습니다.

교회 church

Bless all the churches and blest be God who in this our great trial giveth us the churches.

모든 교회에 축복을 내리십시오. 그리고 우리가 처한 이 엄청난 시련 중에도 우리에게 교회를 선사하신 하나님을 축복할지어다.

교회 church

I must add that the US government must not, as by this order, undertake to run the churches. When an individual, in a church or out of it, becomes dangerous to the public interest, he must be checked, but let the churches, as such take care of themselves.

이 명령에 따라, 미국 정부는 교회의 운영에 손을 대어서는 안 된다는 것을 추가로 말씀드립니다. 한 개인이 교회 안이나 밖에서 공공의 이익을 해치게 될 때에는 그를 막아야 합니다. 그러나 일반적으로 교회 스스로 문제를 해결하도록 내버려 두십시오.

국가 nation

Nations do not die from invasion, they die from internal

rottenness.

국가들은 (외부의) 침략에 의하여 망하지 않습니다. 그들은 내부의 부패로 인하여 망합니다.

국가 nation

Nations like individuals are subjected to punishments and chastisements in this world.

이 세상에서 국가도 개인과 같이 처벌과 응징의 대상입니다.

국가 nation

The strength of a nation lies in the homes of its people.

한 국가의 힘은 국민들의 가정으로부터 비롯됩니다.

[의역] 한 국가의 힘은 국민들의 견실한 가정생활로부터 비롯됩니다.

국민/시민 people

I am a firm believer in people. If given the truth, they can be depended upon to meet any national crisis. The great point is to bring them the real facts.

나는 국민들을 굳건히 믿습니다. 국민들에게 진실을 말해 준다면, 그들에 의지하여 어떠한 국가적 위기도 대비할 수 있습니다.

가장 중요한 점은 그들에게 거짓 없는 진실을 이야기해 주는 것입니다.

[주] 온 세상 정치인들이 배워야 할 가장 중요한 덕목이 아닌가 생각됩니다.

국민/시민 people

The people are the rightful masters of both congresses and courts not to overthrow the Constitution, but to overthrow the men who pervert it.

국민들은 헌법을 파괴하는 일이 아니라 헌법을 왜곡하는 자들을 타도할, 국회와 법정 양쪽에서의 합법적인 주인들입니다.

국민/시민 people

The people know their rights, and they are never slow to assert and maintain them when they are invaded.

국민들은 그들의 권리를 알고 있습니다. 그리고 그 권리를 침해당하였을 때, 그들은 그 권리를 주장하고 지키는 데 결코 주저하지 않습니다.

국민 정서 public sentiment

In this age, in this country, public sentiment is everything. With public sentiment, nothing can fail. Without it, nothing can succeed.

Whoever molds public sentiment goes deeper than he who enacts statutes, or pronounces judicial decisions.

현시대에 이 나라에서 국민 정서는 모든 것을 대표합니다. 국민 정서가 뒷받침되면 실패할 수 있는 것은 아무것도 없습니다. 그것이 없이는 아무것도 성공할 수 없습니다.

누구든 국민 정서에 강한 영향을 주는 사람은 법령을 제정하거나 판결을 선고하는 사람보다 더 강력한 힘을 발휘합니다.

국방 defense

Our defense is in the preservation of the spirit which prizes liberty as a heritage of all men, in all lands, everywhere. Destroy this spirit and you have planted the seeds of despotism around your own doors.

우리의 국방은 모든 나라에 있는 모든 사람의 유산으로서, 자유를 소중하게 여기는 정신의 보존에 근거가 있습니다. 이 정신을 말살한다면, 당신 집의 문 주위에 독재정치의 씨앗을 심은 것과 같을 것입니다.

군대 military

Let your military be strong enough to repel the invader and keep the peace, and not so strong as to unnecessarily harass and persecute the people.

침략자를 물리치고 평화를 유지할 수 있도록 군대를 충분히 강하게 해야 하겠지만, 불필요하게 국민들을 괴롭히거나 박해하지 않도록 군대를 너무 강하게 해서도 안 될 것입니다.

[주] 미국의 남북전쟁(1861~1865) 당시 링컨 대통령이 군 장성에게 보낸 편지에서 한 말씀입니다.

권리 right

Any people anywhere, being inclined and having the power, have the right to rise up, and shake off the existing government, and form a new one that suits them better.
This is a most valuable, a most sacred right, a right, which we hope and believe, is to liberate the world.

세상 그 누구라도 의지가 있고 능력이 있다면 들고일어날 권리가 있습니다. 그리고 현존하는 정부를 제거하고 국민들에게 보다 적합한 새 정부를 탄생시킬 권리가 있습니다.
이것은 가장 가치가 있고, 가장 신성한 권리입니다. 우리가 희망하고 믿음을 갖는 이 권리는 이 세상을 해방시킬 것입니다.

권리 right

This country, with its institutions, belongs to the people who inhabit it. Whenever they shall grow weary of the existing government, they can exercise their constitutional right of amending it, or exercise their revolutionary right to overthrow it.

제도적 기관들을 갖춘 이 나라는 그곳에 거주하는 국민들의 것입니다. 현존하는 정부에 염증이 날 때, 그들은 언제나 정부를 바꿀 헌법적 권리를 행사하거나 혹은 이를 전복시킬 혁명적 권리를 발휘할 수도 있습니다.

[주] 나라를 살리는 방법으로, 폭력적 혹은 비폭력적인 수단이 모두 동원될 수 있다는 링컨 대통령의 말씀이 뜻하는 바가 의미심장한 것 같습니다.

권리 right

Whenever there is a conflict between human rights and property rights, human rights must be prevail.

인권과 재산권 사이에 갈등이 있을 때에는 항상 인권이 우선이어야 합니다.

권리 right

Your right (to swing your fist) ends where my nose begins.

당신이 주먹을 휘두를 권리는 나의 코를 때릴 때 없어집니다.

[의역] 인간의 권리는 다른 사람에게 나쁜 영향을 줄 때 사라지는 법입니다.

권리 right

Accustomed to trample on the rights of others, you have lost the genius of your own independence and become the fit subjects of the first cunning tyrant who rises among you.

다른 이들의 권리를 짓밟는 데 익숙해지면 당신들은 독립성에 대한 재능을 잃어버린 셈이 됩니다. 그리고 당신들 가운데 생겨나는 첫 번째 교활한 폭군의 알맞은 신하들이 될 것입니다.

글 writing

If you want your name to be remembered after your death, either do something worth writing or write something worth reading.

당신이 사후에 이름을 남기기를 원한다면 기록에 남을 만한 일을 하든지, 혹은 읽을 만한 가치가 있는 글을 쓰십시오.

글 writing

Writing, the art of communicating thoughts to the mind through the eye, is the great invention of the world… enabling us to converse with the dead, the absent, and the unborn, at all distances of time and space.

글쓰기, 즉 눈을 통하여 생각을 마음에 전달하는 기술은 이 세상에서 가장 위대한 발명입니다. 그것은 우리가 죽은 자, 부재자, 그리고 아직 태어나지 않은 자들과 시공간을 초월하여 대화를 나눌 수 있게 해 줍니다.

글 writing

Those who write clearly have readers, those who write obscurely have commentators.

뜻이 분명하게 글을 쓰는 사람에게는 독자가 있고, 글을 애매하게 쓰는 사람에게는 해설자가 있습니다.

금력 money power

Money powers prey upon the nation in times of peace & conspire against it in times of adversity.

금력(金力)은 평화로운 시절에 나라를 등쳐 먹고, 역경에 처할 때에는 나라를 상대로 반란을 꾀합니다.

기도 prayer

Both read the same Bible, and pray to the same God, and each invokes His aid against the other.

It may seem strange that any men should dare to ask a just God's assistance in wringing their bread from the sweat of other men's faces, but let us judge not that we be not judged.

The prayers of both could not be answered, that of neither

has been answered fully.

두 사람 모두 같은 성경을 읽고, 같은 하나님께 기도를 드립니다. 그리고 각자가 서로 맞서서 하나님의 도움을 간절히 바랍니다.

다른 사람들의 얼굴에 맺힌 땀으로 양식(糧食)을 쥐어짜 내기 위하여 공평한 하나님의 도움을 그 누가 감히 요구한다는 것은 이상하게 보일지도 모릅니다. 그러나 우리는 우리가 심판을 받게 되지 않을 것이라고 판단하지 맙시다.

양쪽의 기도가 모두 응답을 받지 못할 수 있습니다. 그리고 양쪽의 어떤 기도도 충분한 응답을 받지 못했습니다.

[주] 여기서 'the sweat of other men's faces(다른 사람들의 얼굴에 맺힌 땀)'은 '다른 사람들의 노동'을 뜻합니다.

기회 chance

I will prepare and some day my chance will come.

나는 준비할 것입니다. 그러면 언젠가는 나에게 기회가 올 것입니다.

[주] 이것은 역자의 가훈인 "미래를 위해 항상 준비하고, 주어진 바른 기회를 놓치지 말라."와 일맥상통합니다.

기회 chance

The present moment finds me at the White House, yet there is as good a chance for your children as there was for my father's.

나는 현재 백악관을 차지하고 있습니다. 하지만 내 아버지의 자식들이 좋은 기회를 가졌던 것처럼, 당신의 자식들에게도 같은 좋은 기회가 있을 것입니다.

꿈 dream

Colonel, did you ever dream of a lost friend, and feel that you were holding sweet communion with that friend, and yet have a sad consciousness that it was not a reality? just so I dream of my boy Willie.

대령, 당신은 죽은 친구의 꿈을 꾸고, 그 친구와 아름다운 교감을 가졌음에도 불구하고 그것이 현실이 아니었다는 슬픈 자각을 해 본 적이 있습니까? 나는 그와 똑같이 내 아들 윌리의 꿈을 꿉니다.

[주] Willie(William Wallace Lincoln의 애칭)는 링컨 대통령의 셋째 아들로 1862년 열두 살의 나이로 병사하였습니다.

꿈 dream

I feel like I once did when I met a woman riding horseback in the woods. As I stopped to let her pass, she also stopped, and, looking at me intently, said, "I do believe you are the ugliest man I ever saw."

Said I, "Maam, you are probably right, but I can't help it!", "No", said she, "You can't help it, but you might stay at home!"

숲에서 말을 타고 있는 여인을 만났을 때, 나에게 언젠가 한번 일어난 일처럼 느껴집니다. 그녀를 지나가게 하려고 내가 멈추자, 그녀 역시 멈추었습니다. 그리고 진지하게 나를 쳐다보며, "당신은 내가 이제까지 본 사람들 중에서 가장 못생긴 사람이라고 생각해요."라고 말했습니다.

"아주머니, 당신 말이 아마도 맞을 것 같네요, 하지만 난들 어떻게 하겠습니까!"라고 나는 말했습니다. "아니요." 그녀가 말했습니다. "당신은 어쩔 수가 없지요, 그러나 당신이 그냥 집에 있으면 되지요!"

[주] 이 이야기는 링컨 대통령이 실제로 겪은 일이 아니고, 꿈속에서 상상해 본 것으로 여겨집니다.

Quotes of Abraham Lincoln

제 2 장

낙천주의자, 남북전쟁,
노동, 노예제도, 노예해방,
노예해방선언서 발췌, 논란,
논쟁, 농담, 농업, 능력

낙천주의자 optimist

I am an optimist because I don't see the point in being anything else.

나는 낙천주의자입니다. 왜냐하면 어떤 다른 종류의 사람이 되는 것에 의미를 두지 않기 때문입니다.

남북전쟁 the Civil War

The probability that we may fail in the struggle ought not to deter us from the support of a cause we believe to be just (great).

이 투쟁 중에 우리가 실패할 수 있다는 개연성 때문에, 우리가 공정하다고 믿는 명분에 대한 지지를 단념해서는 안 됩니다.

[주] 여기서 'struggle(투쟁)'은 링컨 대통령 재임 시 남북전쟁(1861~1865)을 지칭합니다.

남북전쟁 the Civil War

I certainly know that if the war fails, the administration fails, and that I will be blamed for it, whether I deserve it or not. And I ought to be blamed, if I could do better.

You think I could do better, therefore you blame me already. I think I could not do better, therefore I blame you for blaming me.

만일 전쟁에 진다면 본 행정부는 실패할 것이고, 내가 비난을 받아야 마땅할지 아닐지 간에, 나는 실패에 대한 비난을 받을 것임을 잘 알고 있습니다. 그리고 내가 더 잘할 수 있었다면 나는 마땅히 비난을 받아야 합니다.

당신은 내가 더 잘할 수 있다고 생각하여 벌써 나를 비난하고 있습니다. 나는 내가 더 잘할 수 없었다고 생각하기 때문에, 당신의 비난에 대하여 나는 당신을 비난합니다.

[주] 여기서 'the war'는 미국의 남북전쟁을 뜻합니다.

남북전쟁 the Civil War

I expect to maintain this contest until successful, or till I die, or am conquered, or my term expires, or Congress or the country forsakes me.

이 전쟁을 이길 때까지, 혹은 내가 죽을 때까지, 혹은 내가 정복당할 때까지, 혹은 나의 임기가 끝날 때까지, 혹은 국회나 국가가 나를 저버릴 때까지, 나는 이 전쟁을 계속하기를 요구합니다.

[주] 여기서 'this contest'는 미국의 남북전쟁을 의미합니다.

노동 labor

Labor is prior to, and independent of, capital. Capital is only the fruit of labor, and could never have existed if labor had not first existed.

Labor is the superior of capital, and deserves much the higher consideration. Capital has its rights, which are as worthy of protection as any other rights.

노동은 자본보다 우선이고, 자본과는 별도의 위치에 있습니다. 자본은 노동의 결실일 뿐이며, 노동이 먼저 존재하지 않았더라면 결코 존재하지 못하였을 것입니다.

노동은 자본보다 우위이며, 한층 더 높은 배려를 받아 마땅합니다. 자본도 권리를 가지고 있으며, 여느 다른 권리들과 마찬가지로 보호를 받을 가치가 있습니다.

노동 labor

This, say its advocates, is free labor—the just and generous, and prosperous system, which opens the way for all—gives hope to all, and energy, and progress, and improvement of condition to all.

노동의 지지자들이 말하는 자유노동이란 공평하고, 너그럽고, 번영할 수 있는 시스템(체계)입니다. 그리고 이것은 모든 사람들에게 길을 열어 주고, 모든 사람들에게 희망을 주며, 모든 사람들에게 힘과 발전과 개선된 삶의 환경을 제공합니다.

노동 labor

All that serves labor serves the Nation. All that harms labor is treason to America. No line can be drawn between these two.

If any man tells you he loves America, yet hates labor, he is a liar. If any man tells you he trusts America, yet fears labor, he is a fool. There is no America without labor.

노동에 종사하는 사람들은 모두 국가에 기여합니다. 노동을 손상시키는 사람들은 모두 미국에 대한 반역자들입니다. 이러한 두 경우를 구분하기는 어렵습니다.

만일 어떤 사람이 당신에게 미국을 사랑하지만 노동을 싫어한다고 말한다면, 그는 거짓말쟁이입니다. 만일 어떤 사람이 당신에게 미국을 신뢰하지만 노동을 두려워한다고 말한다면, 그는 바보입니다. 노동 없는 미국은 있을 수 없습니다.

노동 labor

No country can sustain, in idleness, more than a small percentage of its numbers. The great majority must labor at something productive.

어떤 나라도 일을 하지 않고서는 적은 수 이상의 국민을 살아가게 할 수 없습니다. 대부분의 국민들이 생산성 있는 노동을 해야 합니다.

[주] 국가가 보편적인 복지를 내세워 무위도식하는 자들에게 퍼주는 행위를 자행한다면, 그것은 국가 경제를 좀먹는 역효과를 초래할 것입니다. 일하지 않는 국민들이 늘어나게 되며, 국가의 생산성이 감소되어 국가가 쇠퇴의 길로 가는 지름길이 될 것입니다.

노예제도 slavery

There is no permanent class of hired laborers amongst us. Free labor has the inspiration of hope, pure slavery has no hope.

우리 중에 고용된 노동자들에게는 영원한 계층이 없습니다. 자유민(自由民)의 노동은 희망의 영감이 있으나, 노예제도 그 자체는 아무런 희망이 없습니다.

노예제도 slavery

Although volume upon volume is written to prove slavery a good thing, we never hear of the man who wishes to take the good of it, by being a slave himself.

노예제도가 유익하다는 것을 증명하는 수많은 저서가 나왔지만, 자기 자신이 스스로 노예가 되어 그 유익함을 체험하기를 원하는 사람이 있다는 말을 우리는 단 한 번도 들어 보지 못했습니다.

노예제도 slavery

I think that if anything can be proved by natural theology, it is that slavery is morally wrong.

God gave man a mouth to receive bread, hands to feed it, and his hand has a right to carry bread to his mouth without controversy.

만일 그 어떤 것이 자연신학에 의하여 증명될 수 있다면, 그것은 노예제도가 도덕적으로 잘못되었다는 것입니다.

하나님은 사람에게 빵을 먹을 수 있는 입과, 빵을 입에 넣을 수 있도록 손을 주셨습니다. 그리고 그의 손은 아무 논란 없이 빵을 입으로 가져갈 권리를 가지고 있습니다.

노예제도 slavery

Slavery is founded in the selfishness of man's nature—opposition to it is his love of justice.

These principles are an eternal antagonism, and when brought into collision so fiercely, as slavery extension brings them, shocks and throes and convulsions must ceaselessly follow.

노예제도란 인간의 본성인 이기심에 의하여 만들어집니다. 그 이기심의 반대는 공평성(정의)에 대한 인간의 사랑입니다.

이러한 원칙들은 서로 영원한 적대감을 갖고 있습니다. 노예제도의 연장과 같은 문제로 이러한 원칙들이 격렬하게 충돌할 때에는 충격과 극심한 고통 그리고 격변이 필연적으로 끊임없이 뒤따를 것입니다.

노예제도 slavery

As labor is the common burden of our race, so the effort of some to shift the burden onto the shoulders of others is the great durable curse of the race.

노동이 인류의 공통된 부담인 것과 같이, 남의 어깨에 짐을 지우려는 일부 사람들의 노력도 인류에 대한 매우 지속적인 저주입니다.

노예제도 slavery

Whenever I hear anyone arguing for slavery, I feel a strong impulse to see it tried on him personally.

누구든 노예제도(노예제도의 찬성)에 대하여 언쟁을 벌이는 것을 들을 때마다, 나는 그에게 직접 노예 생활을 시켜 보고 싶다는 강한 충동을 느낍니다.

노예제도 slavery

One eighth of the whole population were colored slaves, not distributed generally over the Union, but localized in the Southern part of it.
These slaves constituted a peculiar and powerful interest. All knew that this interest was, somehow, the cause of the war.

미합중국 전체 인구의 8분의 1이 흑인 노예였으며, 미국에 널리 분포되어 있지 않고 남부에 국한되어 있었습니다.
이 노예들은 특유하고도 강력한 이해관계를 초래하고 있습니다. 어쨌든 모든 사람들은 이러한 이해관계가 전쟁(남북전쟁)의 원인이라는 것을 알았습니다.

노예해방 emancipation

I have got you together to hear what I have written down. I do not wish your advice about the main matter (Emancipation) for that I have determined for myself.

내가 이미 써 놓은 내용을 들려주기 위하여 당신들을 함께 모았습니다. 나 자신을 위하여 내가 결정한 이 주요 사안(노예해방)에 대하여, 나는 당신들의 조언을 바라지 않습니다.

[주] 여기서 'main matter(주요 사안)'란 '노예해방선언'에 관한 일입니다. 링컨 대통령이 각료 회의에서 각료들의 조언을 원하지 않았을 정도로, 자신의 결정에 대한 강력한 의지를 내비친 글로 생각됩니다.

노예해방선언서 발췌
excerpt from the Emancipation Proclamation

That on the first day of January, in the year of our Lord one thousand eight hundred and sixty-three, all persons held as slaves within any State or designated part of a State, the people whereof shall then be in rebellion against the United States, shall be then, thenceforward, and forever free, and the Executive Government of the United States, including the military and naval authority thereof, will recognize and maintain the freedom of such persons, and will do no act or acts to repress such persons, or any of them, in any efforts they may make for their actual freedom.

어떤 주(州)나 주의 지정된 곳에서 노예로 잡혀 있는 모든 사람들, 그래서 미합중국에 대항하는 반란군이 된 자들은 1863년 1월 1일부터 영원히 자유롭게 될 것이며, 육군과 해군 당국을 포함한 미합중국의 행정부는 그들의 자유를 인정하고 보호해 줄 것입니다. 그리고 그들이 사실상의 자유를 위한 어떤 노력을 하더라도 그들 전체 혹은 일부 사람들을 탄압하는 행동이나 행위를 하지 않을 것입니다.

논란 controversy

The difference between the abstract and specific, you oppose a bill creating more officers, then you ask all your friends to be appointed (to those posts).

개요(概要)와 구체(具體) 사이의 다른 점은, 당신이 더 많은 임원을 증원하는 법안을 반대한 다음, 자기 친구 모두를 그 증원할 직에 임명하도록 요청하는 것입니다.

논쟁 argument

When arguing with a fool, make sure the opponent isn't doing the exact same thing.

당신이 바보와 논쟁을 벌일 때에는, 상대방이 당신과 똑같은 짓을 하지 않도록 하십시오.

[의역] 당신이 바보와 논쟁을 벌일 때에는, 상대방도 당신을 바보

로 생각하고 논쟁을 벌이지 않도록 하십시오.

농담 joke

If it were not for these stories, jokes, jests, I should die, they give vent, are the vents, of my moods and gloom.

이러한 이야기, 농담, 장난이 없었더라면 나는 죽을지도 모르겠습니다. 그것들이 나의 기분과 우울의 분출구를 제공해 주는 동시에, 그들 자체가 분출구입니다.

농업 agriculture

Population must increase rapidly, more rapidly than in former times, and ere long, the most valuable of all arts will be the art of deriving a comfortable subsistence from the tilling of soil.

인구가 빨리, 이전보다 더 빨리 증가하여야 합니다. 그리고 머지않아 모든 기술 중에 가장 중요한 것은 땅을 경작하여 편안한 최저 생활을 얻어 내는 기술이 될 것입니다.

능력 ability

You can please some of the people some of the time, all of the people some of the time, some of the people all of the time but you can never please all of the people all of the time.

당신은 일부 사람들을 잠시 기쁘게 할 수 있습니다. 또한 모든 사람들을 잠시 기쁘게 할 수 있으며, 일부 사람들을 항상 기쁘게 할 수 있습니다. 그러나 당신은 모든 사람들을 항상 기쁘게 할 수는 절대로 없습니다.

Quotes of Abraham Lincoln

제 3 장

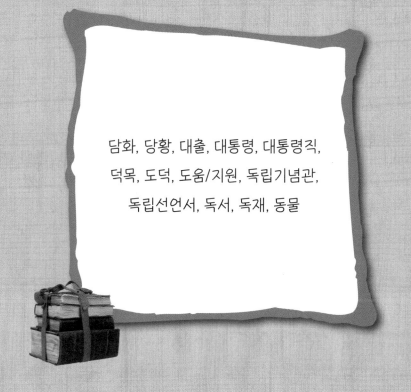

담화, 당황, 대출, 대통령, 대통령직,
덕목, 도덕, 도움/지원, 독립기념관,
독립선언서, 독서, 독재, 동물

담화 speaking

I am very little inclined on any occasion to say anything unless I hope to produce some good by it.

내가 말해 주어서 조금이라도 도움을 줄 기대를 하지 않는 한, 나는 어떤 경우에도 무슨 말하기를 매우 꺼립니다.

당황 embarrassment

I have found that when one is embarrassed, usually the shortest way to get through with it is to quit talking or thinking about it, and go at something else.

사람이 당황하였을 때 이를 극복하는 지름길은 보통 그것에 관하여 이야기하거나 생각하는 것을 멈추고, 다른 일을 열심히 하는 것이라는 사실을 나는 터득하였습니다.

대출 borrowing

As an individual who undertakes to live by borrowing, soon finds his original means devoured by interest, and next no one left to borrow from, so must it be with a government.

개인으로서 대출을 가지고 생활을 영위하려는 자는 대출이자가 자신의 원 수입을 삼켜 버리게 되고, 그다음에는 아무에게서도 대출을 받을 수 없음을 곧 알게 될 것입니다. 그리고 이와 같은 사실은 정부에도 틀림없이 적용됩니다.

대통령 president

I happen temporarily to occupy this big White House. I am living witness that any one of your children may look to come here as my father's child has.

나는 어쩌다 보니 임시로 이 큰 백악관을 차지하게 되었습니다. 내 아버지의 자식이 여기로 오기를 원하였던 것처럼, 당신 자식 중의 하나가 그럴 수도 있다는 것을 실제로 목격한 증인이 바로 나입니다.

[주] 여기서 '나'는 링컨 대통령입니다.

대통령직 presidency

I do the very best I can, I mean to keep going. If the end brings me out all right, then what is said against me won't matter. If I'm wrong, ten angels swearing I was right won't make a difference.

계속 일을 추진하기 위하여 나는 최선을 다합니다. 결과적으로 내가 옳았다면, 나에 대한 비판은 문제가 되지 않을 것입니다. 만일 내가 틀렸다면, 내가 옳았다고 단언한 열 명의 천사들도 그 결과에 별 영향을 주지 못할 것입니다.

[의역] 계속 일을 추진하기 위하여 나는 최선을 다합니다. 결과적으로 내가 옳았다면, 나에 대한 비판은 문제가 되지 않을 것입니다. 만일 내가 틀렸다면, 아무도 그 사실을 부인하지 못할 것입니다.

대통령직 presidency

If I were to try to read, much less answer, all the attacks made on me, this shop might as well be closed for any other business.

내가 별 대책 없이 나에게 가해진 모든 비난을 이해하려고 노력한다면, 이 상점은 다른 사업을 위하여 문을 닫는 것이 좋을 것입니다.

[의역] 내가 별 대책 없이 나에게 가해진 모든 비난을 이해하려고 노력한다면, 나는 차라리 대통령직을 사임하고 다른 사업을 하는 편이 낫습니다.

대통령직 presidency

The presidency, even to the most experienced politicians, is no bed of roses and General Taylor like others, found thorns within it. No human being can fill that station and escape censure.

대통령직이란 가장 경험이 풍부한 정치인들에게도 장미 화단처럼 화려한 것이 아닙니다. 그리고 테일러 장군도 다른 사람들과 마찬가지로 그 안에서 가시를 발견하였습니다. 그 어떤 사람도 그 직을 충족시키거나 불신임을 피할 수는 없습니다.

[주] 여기서 'thorns(가시)'란 대통령직의 어려움을 상징하는 것이고, 'General Taylor'는 미국 제12대 대통령인 재커리 테일러

(Zachary Taylor, 1784~1850)를 지칭합니다.

대통령직 presidency

You have little idea of the terrible weight of care and sense of responsibility of this office of mine. Schenck, if to be at the head of Hell is as hard as what I have to undergo here, I could find it in my heart to pity Satan himself.

당신은 내가 가진 이 직책(대통령직)의 엄청난 중압감과 책임감을 상상도 못할 것입니다. 셩크, 만일 지옥의 꼭대기에 있는 것이 내가 여기서 겪어야 하는 것만큼 어렵다면, 나는 사탄을 동정할 마음이 날 수도 있습니다.

[주] 여기서 'Schenck(셩크)'는 링컨이 대통령으로 재임한 시대의 로버트 셩크(Robert E. Schenck) 장군을 뜻합니다.

덕목 virtue

It has been my experience that folks who have no vices have very few virtues.

지금까지의 내 경험으로 알 수 있는 것은, 비행을 저질러 보지 못한 사람들은 덕이 별로 없다는 사실입니다.

도덕 moral

Some things that are legally right are not necessarily

morally right.

법률적으로 맞는 것이 반드시 도덕적으로 맞는 것은 아닙니다.

도움/지원 help

When you make it to the top, turn and reach down for the person behind you.

당신이 정상까지 올라서면, 돌아서서 당신 뒤에 올라오는 사람에게 손을 뻗어 도와주십시오.

[의역] 당신이 정상까지 출세하면, 당신 뒤를 따르는 후배들을 도와주십시오.

도움/지원 help

You can not help men permanently by doing for them what they could and should do for themselves.

당신은 사람들이 스스로 할 수 있고, 또 해야만 하는 일들을 대신해 줌으로써 그들을 영구히 도울 수는 없습니다.

도움/지원 help

You cannot help small men by tearing down big men.

당신은 위대한 인물들을 깎아내림으로써 범인(凡人)들을 도와줄 수는 없습니다.

도움/지원 help

You cannot help the poor man by destroying the rich.

당신은 부자를 망하게 하여 가난한 사람을 도울 수는 없습니다.

도움/지원 help

You cannot lift the wage earner up by pulling the wage payer down.

당신은 임금을 지불하는 자를 무너뜨려서 임금을 버는 자에게 혜택을 줄 수는 없습니다.

[의역] 당신은 고용주를 무너뜨려서 노동자에게 혜택을 줄 수는 없습니다.

독립기념관 Independence Hall

I have never asked anything that does not breathe from those walls. All my political warfare has been in favor of the teaching coming forth from that sacred hall.

May my right hand forget its cunning and my tongue cleave to the roof of my mouth if I prove false to those teachings.

나는 그(독립기념관의) 벽들이 말해 주지 않은 것은 그 어떤 것도 요청한 적이 없습니다. 나의 모든 정치 싸움은 그 신성한 방으로부터 나오는 가르침을 지지해 왔습니다.

내가 이러한 가르침을 어긴다면, 내 오른손은 기량(技倆)을 잃고, 나의 혀는 내 입의 천장에 착 달라붙을지어다.

[주] 여기서 'those walls(그 벽들)'은 독립기념관의 벽들입니다. 그리고 펜실베이니아주 필라델피아시에 있는 독립기념관은 미국의 독립선언(1776년)과 미합중국 헌법(1787년)이 통과된 역사적 유적입니다.

독립선언서 Declaration of Independence

I believe the declaration that "all men are created equal" is the great fundamental principle upon which our free institutions rest.

나는 "모든 인간은 동등하게 창조되었다."라는 선언문이 우리의 자유주의적 제도의 기초가 되는 아주 중요하고도 근본적인 원칙임을 믿습니다.

[주] 여기서 'the declaration'은 미국의 독립선언서를 지칭합니다.

독립선언서 Declaration of Independence

I have never had a feeling politically that did not spring from the sentiments embodied in the Declaration of Independence.

나는 지금까지 정치 활동을 하면서, 독립선언서에 담겨 있는 사상에서 비롯되지 않은 생각을 가져 본 적이 결코 없었습니다.

독서 reading

A capacity and taste for reading gives access to whatever has already been discovered by others.

It is the key, or one of the keys, to the already solved problems. And not only so, it gives a relish and facility for successfully pursuing the yet unsolved ones.

독서에 대한 능력과 취향은 다른 사람들에 의하여 이미 발견된 그 어떤 것에도 다가갈 기회를 줍니다.

그것은 이미 해결된 문제에 대한 실마리이거나 실마리 중 하나입니다. 그뿐만이 아니라 그것은 아직까지 해결하지 못한 문제들을 성공적으로 추적하기 위한 즐거움과 재능을 선사해 줍니다.

독서 reading

When I read aloud two senses catch the idea, first I see what I read, second, I hear it, and therefore I can remember it better.

내가 크게 소리를 내고 읽을 때 두 가지의 감각이 그 의미를 알아차립니다. 첫째로 내가 읽는 것을 눈으로 보고, 둘째로 내가 읽는 것을 듣습니다. 그 때문에 나는 내가 읽는 것을 더 잘 기억할 수 있습니다.

독재 tyranny

No matter in what shape it comes, whether from the mouth

of a king who seeks to bestride the people of his own nation and live by the fruit of their labor, or from one race of men as an apology for enslaving another race, it is the same tyrannical principle.

자기 국민들을 깔아뭉개려고 시도하고, 국민들 노동의 대가로 삶을 영위하는 왕의 입으로부터든, 혹은 다른 종족을 노예로 만든 것에 대한 변명을 하는 한 종족으로부터든, 그것이 무슨 모양으로 나타나든지 간에 똑같이 독재정치의 근본 원칙입니다.

동물 animal

I am in favor of animal rights as well as human rights. That is the way of a whole human being.

나는 인권과 마찬가지로 동물의 권리를 지지합니다. 그것이 인류 전체가 지켜야 할 길입니다.

[주] 하나님이 창조하신 동물도 인간과 마찬가지로 최소한의 생존 권리가 있으며, 이들은 인간과 서로서로 도우며 살아가야 합니다. 이를 뒷받침해 줄 선진화된 동물 헌법 및 관련 규정의 제정과 시행이 시급하다고 느껴집니다.

동물 animal

No matter how much cats fight, there always seem to be plenty of kittens.

고양이들이 제아무리 심하게 싸워도, 거기에는 항상 많은 새끼 고양이들이 있어 보입니다.

[의역] 고양이들이 심하게 싸우는 것처럼 보이는 것은, 그들이 교배하기를 위한 투쟁입니다. 그래서 거기에는 항상 많은 새끼고양이들이 있어 보입니다.

제4장

링컨

링컨 Abraham Lincoln

If any personal description of me is thought desirable, it may be said, I am, in height, six feet, four inches, nearly, lean in flesh, weighing on an average one hundred and eighty pounds, dark complexion, with coarse black hair, and grey eyes, no other brands or marks recollected.

나의 개인에 대한 묘사가 필요하다고 생각된다면, 나는 키가 6피트 4인치(193cm)이고, 살은 마른 편이며, 몸무게는 평균 180파운드(82kg), 안색은 검은 편, 굵은 검정 머리털과 회색 눈을 가졌으며, 특별히 기억나는 유형이나 특징은 없다고 말할 수 있습니다.

제 5 장

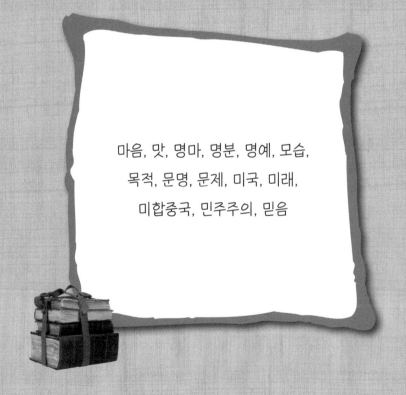

마음, 맛, 명마, 명분, 명예, 모습,
목적, 문명, 문제, 미국, 미래,
미합중국, 민주주의, 믿음

마음 mind

I am slow to learn and slow to forget that which I have learned.

My mind is like a piece of steel, very hard to scratch anything on it and almost impossible after you get it there to rub it out.

나는 배우는 것이 느리고, 배운 것을 잊어버리는 것도 느립니다.

내 마음은 철판 조각 같아서 그 위에 어떤 긁힌 자국을 내기가 매우 어렵습니다. 그리고 당신이 거기에 자국을 낸 후에는 그것을 지우기가 거의 불가능합니다.

마음 mind

The human mind is impelled to action, or held in rest by some power, over which the mind itself has no control.

인간의 마음은 그 자체가 통제할 수 없는 어떤 힘에 의하여 행동을 취하거나 혹은 가만히 있게 됩니다.

[주] 인간의 마음은 제어 불능의 힘에 눌려 원하는 행동을 취할 수 없게 된다는 뜻으로 풀이됩니다.

맛 taste

If this is coffee, please bring me some tea, but if this is tea, please bring me some coffee.

이것이 커피면 나에게 차를 가져다주시고, 이것이 차라면 나에게 커피를 가져다주십시오.

[의역] 이 음료 맛은 커피치고는 너무 싱겁고, 차라면 너무 씁니다. 즉 맛이 커피인지 차인지를 구분하지 못할 정도로 형편없습니다.

명마 good horse

I can make a General in five minutes but a good horse is hard to replace.

나는 장군직을 5분 이내에 임명할 수 있습니다. 그러나 명마(名馬)는 대체하기가 어렵습니다.

[의역] 나는 장군직을 짧은 시간 내에 임명할 수 있습니다. 그러나 명마는 가격이 비싸고 쉽게 구할 수 없기 때문에 금세 대체하기가 어렵습니다.

명분 cause

It is an old and a true maxim, that a "drop of honey catches more flies than a gallon of gall."
So with man. If you would win a man to your cause, first convince him that you are his sincere friend.

"꿀 한 방울이 1갤런의 담즙보다 더 많은 파리를 잡는다."라는 이야기는 오래되고 진실된 격언입니다.

이 격언은 사람에게도 적용됩니다. 만일 당신의 주장에 동조하는 사람을 만들려고 한다면, 우선 당신이 그 사람의 성실한 친구임을 확인시키십시오.

명예 honor

Honor is better than honors.

명예는 여러 개의 명예보다 낫습니다.

[의역] (진정으로) 명예로운 사람이 되는 것이 명예를 위한 많은 상과 트로피를 받는 것보다 더 낫습니다.

모습 appearance

There are no bad pictures, that's just how your face looks sometimes.

좋지 않게 찍힌 사진이란 없습니다. 그것은 때때로 보이는 당신의 진짜 얼굴일 뿐입니다.

목적 purpose

Adhere to your purpose and you will soon feel as well as you ever did.

On the contrary, if you falter, and give up, you will lose the power of keeping any resolution, and will regret it all your life.

당신의 목적을 지키십시오. 그러면 당신은 곧 예전처럼 기분이 좋아질 것입니다.

반면에 당신이 흔들리고 포기한다면, 그 어떤 결심도 지킬 힘을 잃게 될 것입니다. 그리고 평생 그것을 후회할 것입니다.

목적 purpose

My purpose is to be just and fair and yet not to lose time.

나의 목적은 적절하고 공정하게 일을 처리하는 것이며, 그럼에도 불구하고 시간을 낭비하지 않는 것입니다.

문명 civilization

To correct the evils, great and small, which spring from want of sympathy and from positive enmity among strangers, as nations or as individuals, is one of the highest functions of civilization.

동정심의 결핍과 서로 잘 모르는 국가나 낯선 개인들 간의 현실적인 적대감에서 야기되는, 크고 작은 악폐(惡弊)를 바로잡는 것이 문명의 최고 역할 중의 하나입니다.

문제 trouble

The trouble with too many people is they believe the realm of truth always lies within their vision.

아주 많은 사람들의 문제점은 진실의 영역이 항상 그들의 예지력 속에 있다는 것을 믿는 것입니다.

미국 America

America will never be destroyed from the outside. If we falter and lose our freedoms, it will be because we destroyed ourselves.

미국은 절대 외부 침략자들 때문에 망하지 않을 것입니다. 만일 우리가 불안정해져서 자유를 잃는다면, 우리가 우리 자신을 파괴하였기 때문에 나라가 망하게 될 것입니다.

미래 future

The best thing about the future is that it comes one day at a time.

미래의 가장 좋은 점은 우리에게 한 번에 하루씩 다가온다는 것입니다.

[주] 미래는 하늘에서 갑자기 떨어지는 것이 아니라, 시간의 흐름에 따라 천천히 다가오기 때문에 우리는 다행히도 시시각각 일어나는 사건들을 잘 이해하고 해결할 수 있으며, 또한 미래를 준비할 여유의 시간을 가졌다는 의미로 생각됩니다.

미래 future

The best way to predict your future is to create it.

당신의 미래를 예측하는 가장 좋은 방법은 스스로가 그것을 창조하는 것입니다.

미래 future

We know nothing of what will happen in future, but by the analogy of experience.

우리는 미래에 어떤 일이 벌어질지 전혀 알지 못합니다. 그러나 경험에 유추하여 그것을 알 수 있습니다.

미합중국 Union

My paramount object in this struggle is to save the Union, and is not either to save or to destroy slavery.

If I could save the Union without freeing any slave I would do it, and if I could save it by freeing all the slaves I would do it, and if I could save it by freeing some and leaving others alone I would also do that.

이 투쟁(전쟁) 중에 나의 가장 중요한 목적은 미합중국을 살리는 것입니다. 그리고 노예제도를 보전한다거나 없애는 데에 있는 것이 아닙니다.

만일 노예를 풀어 주지 않고 미합중국을 구할 수만 있다면, 나는 그렇게 할 것입니다. 그리고 노예를 모두 해방시켜서 미합중국을 구할 수 있다면, 나는 그렇게 할 것입니다. 그리고 노예를 일부 해방시키고 나머지는 남겨 둠으로써 미합중국을 구할 수 있다면, 나는 또한 그렇게 할 것입니다.

민주주의 democracy

As I would not be a slave, so I would not be a master. This expresses my idea of democracy. Whatever differs from this, to the extent of the difference, is no democracy.

내가 노예가 아닌 것과 마찬가지로, 나는 노예의 주인도 아닙니다. 이것이 바로 민주주의에 대한 나의 견해입니다. 이러한 나의 생각과 다른 그 무엇도 차이가 있는 정도만큼 민주주의가 될 수 없습니다.

민주주의 democracy

Money will cease to be master and become the servant of humanity. Democracy will rise superior to the money power.

금력(金力)이 주인이 되는 일은 멈출 것입니다. 그리고 금력은 인류의 종이 될 것입니다. 민주주의는 금력보다 뛰어나게 상승할 것입니다.

믿음 belief

Believing everybody is dangerous, but believing nobody is more dangerous.

모든 사람들을 신뢰하는 것은 위험합니다. 그러나 아무도 믿지 않는 것은 더욱 위험합니다.

믿음 trust

If you trust, you will be disappointed occasionally, but if you mistrust, you will be miserable all the time.

만일 당신이 믿음을 갖는다면 가끔 실망하게 될 것입니다. 그러나 당신이 불신을 품는다면 항상 비참하게 될 것입니다.

믿음 trust

I never trusted a man who never smoked or drank.

나는 담배를 전혀 피우지 않았거나, 술을 전혀 마시지 않은 사람을 절대로 믿지 않았습니다.

[주] 지나친 음주와 담배는 사람에게 매우 해롭습니다. 그러나 그것을 전혀 하지 않은 사람들은 자기의 본능을 거부한 것인지도 모르기 때문에, 링컨이 그런 사람들을 정직하지 못하다고 생각하였을 수도 있다고 여겨집니다.

Quotes of Abraham Lincoln

제 6 장

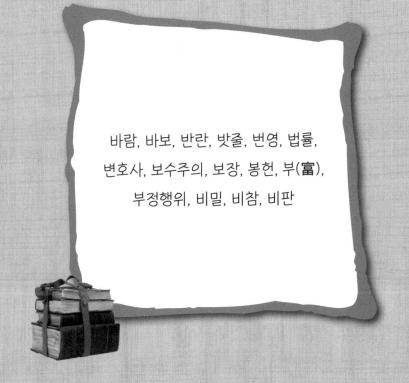

바람, 바보, 반란, 밧줄, 번영, 법률,
변호사, 보수주의, 보장, 봉헌, 부(富),
부정행위, 비밀, 비참, 비판

바람 wind

As yet, the wind is an untamed, and unharnessed force, and quite possibly one of the greatest discoveries hereafter to be made, will be the taming, and harnessing of it.

아직까지 바람은 자연 그대로이며, 동력에 이용되지 않은 힘입니다. 그리고 아마도 미래에 탄생할 가장 위대한 발견 중의 하나는 바람을 다스리고 이용하는 것이 될 것입니다.

바보 fool

Did Stanton say I was a damned fool? Then I dare say I must be one, for Stanton is generally right and he always says what he means.

내가 지독히 바보였다고 스탠턴 장관이 말했습니까? 그렇다면 나는 틀림없이 바보일 것입니다. 왜냐하면 스탠턴이 하는 말은 일반적으로 옳으며, 그는 항상 그가 믿는 것을 말합니다.

[주] 여기서 Stanton은 링컨이 대통령직에 있을 당시 링컨의 각료(Secretary of War)가 된 에드윈 스탠턴(Edwin M. Stanton)을 지칭합니다. 남을 좀처럼 적대시하지 않는 링컨의 관용을 여기서 엿볼 수 있습니다.

바보 sucker

Why don't I drink from a straw? Because straws are for

suckers.

내가 빨대를 써서 음료를 마시지 않는 이유를 아십니까? 빨대는 바보를 위한 것이기 때문입니다.

[주] 여기서 'sucker'는 빠는 사람으로 번역되지만, 바보라는 뜻도 있습니다.

반란 rebellion

Those who fairly carry an election can fairly suppress a rebellion.

선거를 공정하게 치르는 사람들은 반란을 공정하게 진압할 수 있습니다.

[의역] 투표를 공정하고 합헌적으로 치른다면 그 결과가 무력으로 거부당할 일은 없을 것이며, 다음 선거에서도 마찬가지일 것입니다.

밧줄 rope

When you reach the end of your rope, tie a knot and hang on.

당신이 밧줄 끝에 도달하게 될 때에는 매듭을 만들고 꽉 붙잡으십시오.

[의역] 당신이 막다른 골목에 도달하였다고 생각하더라도 절대 포기하지 마십시오.

번영 prosperity

You cannot bring about prosperity by discouraging thrift.

당신은 절약을 하지 않고는 번영을 이룰 수 없습니다.

번영 prosperity

Prosperity is the fruit of labor. It begins with saving money.

번영은 노동의 산물입니다. 번영은 돈을 절약하는 것으로부터
시작됩니다.

법률 law

Law is nothing else but the best reason of wise men applied
for ages to the transactions and business of mankind.

법률이란, 현자(賢者)가 오랫동안 인류의 매매 거래와 업무에 적
용한 가장 좋은 사리(事理)일 뿐입니다.

법률 law

Again, a law may be both constitutional and expedient, and
yet may be administered in an unjust and unfair way.

다시 말씀드려, 법은 합헌적일 뿐만 아니라 편리하기도 합니다.
그래서 그것이 불평등하고 부당한 방법으로 집행될지도 모릅니다.

법률 law

I don't believe in a law to prevent a man from getting rich, it would do more harm than good.

나는 사람이 부자가 되는 것을 막는 법을 믿지 못합니다. 그 법은 사람에게 도움보다는 손해를 더 끼칠 것입니다.

법률 law

Let every man remember that to violate the law is to trample on the blood of his father, and tear the character of his own, and his children's liberty.

법을 어긴다는 것은, 아버지의 혈통을 짓밟고 자신의 인격과 자기 자식들의 자유를 망친다는 것을 모든 사람이 기억하도록 하십시오.

법률 law

Let reverence for the laws⋯ be taught in schools, in seminaries, and in colleges. Let it be written in primers, spelling books, and in almanacs. Let it be preached from the pulpit, proclaimed in legislative halls, and enforced in the courts of justice.

준법정신을 학교, 신학대학 그리고 일반 대학에서 가르치십시오. 그것을 기본 지침서, 철자 교본, 연감에 기록하십시오. 그것을 연단에서 설파하고, 입법부의 회의실에서 선포하며, 법원에서 시행하도록 하십시오.

법률 law

The best way to get a bad law repealed is to enforce it strictly.

나쁜 법을 폐지시키는 가장 좋은 방법은 그 법을 엄격하게 집행하는 것입니다.

[주] 나쁜 법을 엄격하게 시행하다 보면 자연히 부작용이 많이 나타날 것이므로, 그 법을 폐지시키자는 여론을 고취시킬 수 있습니다.

변호사 lawyer

Discourage litigation. Persuade your neighbors to compromise whenever you can. Point out to them how the nominal winner is often a real loser in fees, expenses, and waste of time.

As a peace maker the lawyer has superior opportunity of being a good man. There will still be business enough.

소송을 말리십시오. 가급적 당신의 이웃을 설득하여 타협하게 하십시오. 명목상의 승자가 소송의 수수료, 비용 그리고 시간 낭비로 인해 자주 사실상의 패배자가 될 수 있다는 것을 지적하십시오.

변호사는 중재자로서 적합한 사람이 될 보다 우세한 기회를 가지고 있습니다. 그래도 변호사에게는 충분한 일거리가 있을 것입니다.

보수주의 conservatism

What is conservatism? Is it not adherence to the old and tried, against the new and untried?

보수주의란 무엇입니까? 새롭고 시도되지 않은 것에 대항하여, 오래되고 이미 시도된 것에 대한 고수(固守)이지 않습니까?

보장 security

The only security a man can ever have is the ability to do a job uncommonly well.

사람이 항상 가질 수 있는 유일한 보장은 일을 굉장히 잘할 수 있는 능력입니다.

봉헌 consecration

When I left Springfield I asked the people to pray for me. I was not a Christian. When I buried my son, the severest trial of my life, I was not a Christian.

But when I went to Gettysburg and saw the graves of thousands of our soldiers, I then and there consecrated myself to Christ.

나는 스프링필드를 떠날 때 사람들에게 나를 위해 기도해 달라고 부탁하였습니다. 그때 나는 기독교인이 아니었습니다. 내 생애에서 가장 혹독한 시련, 즉 내가 아들을 땅에 묻었을 때, 나는 기독교인이 아니었습니다.

그러나 내가 게티즈버그에 가서 수천 명의 군인들 무덤을 보았을 때, 나는 그 시간, 그곳에서 나 자신을 예수님께 봉헌(奉獻)하였습니다.

[주] 1) 링컨이 대통령직을 수행하기 위하여 본인과 가족이 살았던 스프링필드를 떠날 때입니다.

2) 링컨은 아들만 넷을 두었으나, 세 아들을 모두 어렸을 때 잃었습니다.

3) 펜실베이니아주에 위치한 '게티즈버그(Gettysburg)'는 남북전쟁 중 많은 희생자를 낸 격전지로서, 1863년 11월 링컨 대통령이 그 유명한 '게티즈버그 연설(Gettysburg Address)'을 한 곳입니다.

부(富) riches

That some should be rich, show that others may become rich, and, hence, is just encouragement to industry and enterprise.

부자인 사람들도 있어야 한다는 것은, 그렇지 않은 사람들도 부자가 될 수 있다는 것을 보여 줍니다. 그리고 그런 이유로 그 논리는 근면성과 진취성에 대한 적절한 격려가 됩니다.

부(富) riches

I take it that it is best for all to leave each man free to acquire property as fast as he can.

Some will get wealthy. I don't believe in a law to prevent a man getting rich, it would do more harm than good.

각자가 가장 빠르게 재산을 자유롭게 취득하도록 내버려 두는 것이 모든 사람들을 위하여 가장 좋다는 것을 나는 이해합니다. 어떤 사람들은 부자가 될 것입니다. 나는 사람이 부자가 되는 것을 막는 법률을 믿지 않습니다. 그 법률은 이로움보다는 해로움을 더 줄 것입니다.

부(富) wealth

Wealth is a superfluity of things we don't need.

부유함이란 우리가 필요로 하지 않는 여분의 물건입니다.

부정행위 knavery

Knavery and flattery are blood relations.

부정행위와 아첨은 서로 혈족 관계입니다.

[주] 여기서 'blood relations'는 피로 맺은 사이, 즉 매우 가까운

관계란 뜻입니다

비밀 secret

It's not me who can't keep a secret. It's the people I tell that can't.

비밀을 지킬 수 없는 사람은 내가 아닙니다. 내가 비밀을 말해 준 그들이 비밀을 지킬 수 없는 사람들입니다.

비참 misery

It is difficult to make a man miserable while he feels worthy of himself and claims kindred to the great God who made him.

어떤 사람이 본인의 가치를 인정하고 자신을 창조한 위대한 하나님의 일가친척이라고 주장한다면, 그를 비참하게 만들기는 어렵습니다.

비판 criticism

He has a right to criticize, who has a heart to help.

남을 도와주려는 마음을 가진 사람은 남을 비판할 권리가 있습니다.

제 7 장

사람, 사람들, 사업, 사회, 삶/인생, 상
황, 생명, 생활신조, 선거, 선택, 설명, 성
경, 성공, 성장, 성취, 소멸, 소통, 속임수,
수염, 슬픔, 승리, 시간, 시련, 신념, 신뢰,
신앙, 실수, 실천, 실패, 심부름꾼/하인,
심적 고통, 싸움

사람 man

Great men are ordinary men with extraordinary determination.

위대한 사람들이란 놀라운 투지를 가진 보통 사람들입니다.

사람 man

Man is not the only animal who labors, but he is the only one who improves his workmanship.

사람만이 일할 수 있는 동물은 아닙니다. 그러나 사람만이 일솜씨를 발전시키는 동물입니다.

사람들 people

Common looking people are the best in the world, that is the reason the Lord makes so many of them.

평범해 보이는 사람들이 이 세상에서 가장 좋습니다. 그런 이유로 하나님이 그들을 그렇게 많이 만드셨습니다.

사업 business

Never let your correspondence fall behind. Whatever piece of business you have in hand, before stopping, do all the labor pertaining to it which can be done.

상대방과의 교류에 소홀해짐이 없도록 하십시오. 당신이 어떤 사업을 하더라도 포기하기 전에 그 사업과 관련된 가능한 모든 노력을 기울이십시오.

사회 society

Any society that takes away from those most capable and gives to the least will perish.

가장 능력 있는 자들로부터 빼앗아서 가장 능력 없는 자들에게 퍼 주는 그 어떤 사회도 소멸되고 말 것입니다.

[주] 능력 없는 자들에게 무작정 퍼 주기보다는 적성에 맞는 교육과 훈련을 통하여 그들의 능력을 제고한 다음, 생산성 있는 활동에 참여시켜 사회의 퇴보를 막는 방법이 바람직할 것이라는 뜻을 포함합니다.

삶/인생 life

In the end, It's not the years in your life that count. It's the life in your years.

결과적으로 중요한 것은 당신이 살아온 햇수가 아닙니다. 그것은 당신 삶의 질인 것입니다.

[의역] 결과적으로 당신이 살아온 나이가 중요한 것이 아니라, 당신이 사는 동안 어떤 보람 있는 일을 했는지가 더 중요한 문제인 것입니다.

삶/인생 life

A day spent helping no one but yourself is a day wasted.

본인 외에 아무도 돕지 않고 보낸 하루는 헛된 하루입니다.

삶/인생 life

I hold the value of life is to improve one's condition. Whatever is calculated to advance the condition of honest, struggling laboring man, so far as my judgment will enable me to judge of a correct thing, I am for that thing.

나는 인생의 가치란 삶의 환경을 개선하는 것이라고 생각합니다. 내가 올바른 일을 분별할 판단을 할 수 있는 한, 나는 정직히 분투하는 노동자의 삶의 질을 향상시키려고 계획한 그 무엇에도 동의합니다.

삶/인생 life

I pass my life in preventing the storm from blowing down the tent, and I drive in the pegs as fast as they are pulled up.

나는 폭풍우가 내 천막을 날려 쓰러뜨리는 것을 예방하며 일생을 살고 있습니다. 그리고 천막의 말뚝들이 뽑혀 나갈 찰나에 재빨리 그것들을 바닥에 때려 박습니다.

[의역] 내 인생에 어려움이 닥치지 않도록 예방을 하며 살고 있으나, 일단 재난이 닥치면 나는 재빨리 그것을 극복합니다.

상황 things

Things may come to those who wait, but only the things left by those who hustle.

기다리는 자에게는 기회가 올지 모릅니다. 그러나 그 기회는 활동이 왕성한 사람들이 남긴 상황일 뿐입니다.

[의역] 기다리는 자에게는 기회가 올지 모릅니다. 그러나 그 기회는 부지런한 사람들이 이미 챙긴 후 남겨진 상황일 뿐입니다.

생명 life

Next to creating a life the finest thing a man can do is save one.

생명을 창조하는 일 다음으로 인간이 할 수 있는 가장 고귀한 일은 생명을 구하는 것입니다.

생활신조 religion

When I do good, I feel good. When I do bad, I feel bad. That's my religion.

선행을 베풀 때 나는 기분이 좋아집니다. 잘못을 저지를 때 나는 기분이 나빠집니다. 이러한 느낌들이 나의 생활신조입니다.

선거 election

Elections belong to the people. It's their decision. If they decide to turn their back on the fire and burn their behinds, then they will just have to sit on their blisters.

선거란 국민들에게 속한 일입니다. 선거는 그들 결정의 결과입니다. 만일 그들이 화재를 무시한 결정으로 인해 엉덩이에 화상을 입었다면, 그다음 그들은 엉덩이에 생긴 물집을 가지고 앉아야만 할 뿐입니다.

[의역] 선거란 사람들의 책무입니다. 선거는 그들의 결정에 따라 결과가 나옵니다. 만일 그들이 선거를 무시한 결과에 따라 피해를 본다면, 그들은 그 피해를 감수하여야 할 것입니다.

선거 election

I do not deny the possibility that the people may err in an election, but if they do, the true cure is in the next election, and not in the treachery of the person elected.

나는 사람들이 선거에서 실수를 범할 가능성을 부정하지 않습니다. 그러나 그들이 실수를 한다면 그 진정한 해결책은 다음번 선거에 있지, 당선된 사람에 대한 배반에 있지 않습니다.

선거 election

The most reliable indication of public purpose in this

country is derived through our popular elections.

이 나라에서 공공의 목적에 부합한 가장 믿을 수 있는 지시(指示)는 대중의 선거를 통하여 나옵니다.

선택 choice

Whether I shall ever be better I cannot tell, I awfully forebode that to remain as I am is impossible, I must die or be better.

내가 어느 때고 더 나아질지 아닐지는 알 수가 없습니다. 내가 지금과 같이 남아 있는 것이 불가능하다면, 나는 죽어야 하거나 혹은 더 나아져야 한다는 것을 정말 예감합니다.

설명 explanation

I fear explanations explanatory of things explained.

나는 설명된 일들을 설명하기 위한 설명을 두려워합니다.

[의역] 이미 알려진 일들은 또다시 설명할 필요가 없습니다.

성경 Bible

In regard to this Great Book, I have but to say, it is the best gift God has given to man. All the good the Savior gave to the world was communicated through this book.

But for it we could not know right from wrong. All things

most desirable for man's welfare, here and hereafter, are found portrayed in it.

이 위대한 책에 관해서는 하나님이 인간에게 주신 가장 고귀한 선물이라고 말할 수밖에 없습니다. 하나님이 이 세상에 내려 주신 모든 좋은 것이 이 책을 통해 전달되고 있습니다.

이 책이 없다면 우리는 무엇이 옳고 그른가를 알 수 없습니다. 현재와 미래에서 인간의 행복을 위하여 가장 바람직한 모든 것이 이 책 안에 묘사되어 있는 것을 알 수 있습니다.

성경 Bible

I am profitably engaged in reading the Bible. Take all that you can of this book upon reason and the balance on faith, and you will live and die a happier man.

나는 성경을 유익하게 읽고 있습니다. 최선을 다하여 이 책에서 신앙에 대한 근거와 균형을 취하십시오. 그러면 당신은 더 행복한 사람으로 살고 죽을 것입니다.

성공 success

I don't know who my grandfather was, I am much more concerned to know what his grandson will be.

나는 나의 할아버지가 어떤 사람이었는지 잘 알지 못합니다. 나는 그분의 손자가 어떤 사람이 될 것인가에 더 많은 관심을 가지고 있습니다.

[주] 조상의 명성보다는 자기 자신이 노력하여 성공하는 일이 더욱 중요하다는 취지로 풀이됩니다.

성공 success

I like to see a man proud of the place in which he lives. I like to see a man live so that his place will be proud of him.

나는 본인이 사는 곳을 자랑스럽게 생각하는 사람을 지켜보기를 좋아합니다. 그곳에 삶으로써 그곳 역시 그를 자랑스럽게 여기게 되는 날이 오기를 기대합니다.

[의역] 나는 본인이 사는 곳을 자랑으로 생각하는 사람을 지켜보기를 좋아합니다. 그가 미래에 훌륭한 인사가 되어, 그가 살았던 곳이 대중에게 유명해지는 것을 보고 싶습니다.

성공 success

I say "try", if we never try, we shall never succeed.

나는 "해 봅시다"라고 말합니다. 만일 우리가 시도조차 하지 않는다면, 절대로 성공할 수 없을 것입니다.

성공 success

Success is going from failure to failure without losing your enthusiasm.

성공이란 당신이 열정을 잃지 않고 실패를 거듭하는 것입니다.

[의역] 당신이 열정을 잃지 않는다면, 계속해서 실패를 한 후에는 반드시 성공할 것입니다.

성공 success

Always bear in mind that your own resolution to succeed is more important than any one thing.

성공하겠다는 당신 자신의 결심이 그 어떤 것보다도 중요하다는 것을 항상 명심하십시오.

성공 success

I'm a success today because I had a friend who believed in me and I didn't have the heart to let him down.

나는 오늘날 성공한 사람이 되었습니다. 왜냐하면 나를 믿어 준 친구가 있고, 나는 그를 실망시킬 마음이 없었기 때문입니다.

성공 success

Let no feeling of discouragement prey upon you, and in the end you are sure to succeed.

좌절감이 당신을 괴롭히지 않도록 하십시오, 그러면 결국에는 틀림없이 성공할 것입니다.

성공 success

That some achieve great success, is proof to all that others can achieve it as well.

일부 사람들이 큰 성공을 이룬다는 것은, 다른 사람들도 마찬가지로 큰 성공을 할 수 있다는 것을 모두에게 보여 주는 증거입니다.

성공 success

The way for a young man to rise is to improve himself in every way he can, never suspecting that anybody wishes to hinder him.

젊은 사람이 성공하는 길은, 누구든 자기를 방해하고 싶어 한다는 의심을 버리고, 할 수 있는 모든 방법을 동원하여 그 자신을 향상시키는 것입니다.

성장 growing

You have to do your own growing no matter how tall your grandfather was.

당신의 할아버지가 제아무리 키 큰 분일지라도, 당신은 자신의 속도로 자라야만 합니다.

[의역] 당신 할아버지의 신장과 상관없이 당신은 본인의 신체에 맞게 자라야만 합니다. 즉 할아버지의 능력이 제아무리 뛰어날지라도, 당신은 자신의 능력에 맞추어 커 가야 합니다.

성취 achievement

Achievement has no color.

성취는 무색(無色)입니다.

[의역] 종족의 색깔과는 무관하게 누구든지 어떠한 성취를 이룰 수 있습니다.

소멸 disappearance

It is said an eastern monarch once charged his wise men to invent him a sentence to be ever in view, and which should be true and appropriate in all times and situations.

They presented him the words, "And this, too, shall pass away." How much it expresses! How chastening in the hour of pride! How consoling in the depths of affliction!

동방의 한 군주가 현자(賢者)들에게, 영원히 마음속에 남고 언제나 그리고 어느 경우에도 사실이고 적절한 문장 하나를 자기에게 지어 달라고 지시하였습니다.

그들은 다음과 같은 문장을 군주에게 바쳤습니다. "그리고 이 글 또한 없어져 버릴 것입니다." 얼마나 대단한 표현인가요! 자만심에 대하여 얼마나 좋은 훈계가 되는가요! 깊은 고통에 대하여 얼마나 많은 위안이 되는가요!

[주] "And this, too, shall pass away."의 의역

이 세상 모든 것은 시간이 지나면 없어지는 것이고, 그 위에 또 다른 것이 대체될 것입니다. 그리고 그 어떤 새로운 것도 시간이

흐르면, 여기에 바치는 이 문장처럼 역시 없어져 버릴 것입니다.

소통 communication

When I get ready to talk to people, I spend two thirds of the time thinking what they want to hear and one third thinking about what I want to say.

나는 사람들과 대화할 준비가 되었을 때, 내 시간의 3분의 2를 그들이 듣고 싶어 하는 것을 생각하는 데 쓰고, 나머지 3분의 1을 내가 말하고 싶은 것을 생각하는 데 씁니다.

속임수 deceit

Deceit and falsehood, especially if you have a bad memory, are the worst enemies a fellow can have.

만일 당신의 기억력이 특별히 나쁘다면, 속임수와 거짓말은 당신이 가질 수 있는 최악의 적들입니다.

수염 whisker

As to the whiskers, having never worn any, do you now think people would call it a piece of silly affectation if I were to begin it now? Yours very sincere well-wisher.

수염에 관해서는 이제까지 한 번도 길러 본 적이 없으므로, 내가 지금 수염을 기르기 시작한다면, 너는 사람들이 이것을 유치한 치장을 하는 행동으로 볼 것이라고 생각하지 않니? 너의 행복을 진심으로 비는 아저씨로부터.

[주] 대통령 후보 시절인 1860년 10월에 어린 소녀에게 보낸 답장으로, 링컨이 이 소녀의 권유로 수염을 기르기 시작하였다는 일화가 있습니다.

슬픔 sorrow

In this sad world of ours, sorrow comes to all, and, to the young, it comes with bitterest agony, because it takes them unawares. The older have learned to ever expect it.

I am anxious to afford some alleviation of your present distress. Perfect relief is not possible, except with time. You can not now realize that you will ever feel better. Is not this so? And yet it is a mistake. You are sure to be happy again. To know this, which is certainly true, will make you some less miserable now.

이 슬픈 세상에서 슬픔은 누구에게나 찾아옵니다. 그리고 젊은 이들에게는 극도의 고통을 안겨 줍니다. 왜냐하면 그것은 불시에 찾아오기 때문입니다. 나이 든 사람들은 그것이 언제든 찾아온다는 것을 경험하였습니다.

나는 당신의 현재 고통을 경감시켜 주고 싶습니다. 고통에서 완전히 벗어나려면 많은 시간이 필요합니다. 당신이 언젠가 기분이 좋아지리라는 것을 지금 깨달을 수는 없습니다. 그렇지 않습니까? 그럼에도 불구하고 그것은 잘못된 생각입니다. 당신은 또다시 행복해질 것이 확실합니다. 이러한 확실한 사실을 안다는 것은 지금 당신을 덜 비참하게 만들어 줄 것입니다.

승리 triumph

It is no pleasure to me to triumph over anyone.

어느 누구에게도 승리를 거두는 것이 나에게는 즐거움이 될 수 없습니다.

승리 victory

Military glory, the attractive rainbow that rises in showers of blood.

전쟁의 승리는 피의 소나기 속에서 떠오르는 매력적인 무지개입니다.

[의역] 전쟁에서의 승리는 무지개처럼 화려하고 매력적이나, 서로 많은 피를 흘린 후 얻어지는 영광일 뿐입니다.

시간 time

Time! What an empty vapor 'tis. And days how swift they are!

시간! 이것은 얼마나 아무것도 없는 안개와 같은 것인가. 그리고 나날은 얼마나 빠르게 흐르고 있는가!

시간 time

Great distance in either time or space has wonderful power to lull and render quiescent the human mind.

시간이나 공간의 아주 먼 거리는 인간의 마음을 진정시키고 잠잠하게 만드는 훌륭한 힘을 가지고 있습니다.

[의역] 시간이 많이 흐른다거나, 공간이 멀리 떨어져 있을 수 있다는 사실은 인간의 마음을 진정시키고 잠잠하게 만드는 훌륭한 힘이 됩니다.

시간 time

Nothing valuable was ever lost by taking time.

시간을 들인다면 귀중한 것을 절대로 잃을 수 없습니다.

[의역] 시간을 들여 꼼꼼하고 신중하게 일을 한다면, 귀중한 것을 절대로 잃을 수 없습니다.

시간 time

Time is everything. Please act in view of this.

시간은 모든 것입니다. 이러한 사실을 고려하여 행동하십시오.

시련 ordeal

The fiery ordeal through which we pass, will light us down,

in honor or dishonor, to the latest generation.

우리가 경험하는 강렬한 시련은, 영광스럽건 아니건 간에 우리가 가장 최근의 세대로 가는 길을 밝혀 줄 것입니다.

신념 faith

Come what will. I will keep faith with friend and foe.

앞으로 무슨 일이 일어나든지 간에, 나는 친구와 적에게 신의를 지킬 것입니다.

[주] 링컨은 정직과 더불어 원칙을 존중하기 때문에, 적과 한 약속일지라도 반드시 지킨다는 뜻입니다.

신념 faith

I would rather be a little nobody, than to be a evil somebody.

나는 사악하게 유명한 사람이 되기보다는 차라리 보잘것없는 아무개가 되는 것이 더 낫습니다.

신념 faith

Let us have faith that right makes might, and in that faith let us, to the end, dare to do our duty as we understand it.

올바른 일이 힘을 만들 수 있다는 사실에 믿음을 가집시다. 그런 신념 속에서 우리가 (옳다고) 이해하고 있는 책무를 끝까지 과감하게 수행해 나갑시다.

신뢰 confidence

If once you forfeit the confidence of your fellow-citizens,
you can never regain their respect and esteem.

당신이 동료 시민들의 신뢰를 한번 잃고 나면, 그들의 경의와 존
경을 결코 되찾을 수 없을 것입니다.

신앙 faith

Faith is not believing that God can, but that God will.

신앙이란 하나님이 하실 수 있는 것을 믿는 것이 아니라, 하나님
이 하시고자 하는 것을 믿는 것입니다.

실수 mistake

The person who is incapable of making a mistake, is
incapable of anything.

실수를 저지를 수 없는 사람은 아무것도 할 수 있는 능력이 없습
니다.

실천 practice

Practice proves more than theory.

실천은 이론보다도 더 많은 것을 입증합니다.

실패 failure

If you have never failed you have never lived.

만일 당신이 실패한 적이 한 번도 없다면, 당신은 결코 제대로 산 것이 아닙니다.

[주] 인간은 실패를 하지 않고는 살 수가 없다는 뜻으로 풀이됩니다.

실패 failure

My great concern is not whether you have failed, but whether you are content with your failure.

나의 가장 큰 관심은 당신이 실패하였느냐 안 하였느냐가 아니라, 실패에 만족하느냐 안 하느냐에 있습니다.

실패 failure

You cannot fail unless you quit.

당신이 포기하지만 않는다면, 당신은 실패할 수 없습니다.

[의역] 당신이 포기하지만 않는다면, 당신은 성공할 수 있습니다.

심부름꾼/하인 servant

I am, as you know, only the servant of the people.

당신들이 아시다시피, 나는 단지 국민들의 심부름꾼일 뿐입니다.

[주] 링컨이 1861년 4월 대통령에 당선된 직후 한 말씀입니다.

심적 고통 heartache

To ease another's heartache is to forget one's own.

다른 사람의 심적 고통을 덜어 준다는 것은 자기 자신의 심적 고통을 잊는 것입니다.

싸움 fight

I have learned a great many years ago that in a fight between husband and wife, a third party should never get between the woman's skillet and the man's ax-handle.

부부 싸움 중에 제3자가 여자가 든 프라이팬과 남자가 든 도끼 손잡이 사이에 끼어들어서는 안 된다는 것을, 나는 아주 옛날부터 잘 알고 있었습니다.

제 8 장

아이디어, 악의, 안전, 암살, 애국심,

야망, 약속, 어린이, 어머니, 언쟁, 얼굴,

여론/민심, 여성, 역경, 역사, 연설, 영광,

영속성, 영웅, 예의/범절, 예측, 옳고 그름,

욕심, 용기, 우울감, 우정, 웃음, 원인/이유,

원칙, 위대함, 위선자, 위원회, 위험,

음주벽, 의무, 의심, 의지, 이야기꾼,

인간성, 인격, 인내/인내심, 인류애,

인생, 인정, 일, 임금

아이디어 idea

I never let one of those ideas escape me, but wrote it on a scrap of paper and put it in that drawer.

In that way I save my best thoughts on the subject, and, you know, such things often come in a kind of intuitive way more clearly than if one were to sit down and deliberately reason them out.

나는 떠오른 아이디어를 절대로 잊어버리지 않으려고 종잇조각에 써서 저 서랍 안에 넣어 둡니다.

그렇게 하여 그 주제에 대한 나의 가장 좋은 생각을 저장합니다. 그리고 알다시피 그러한 아이디어는 사람을 앉혀 놓고 의도적으로 도출하게 하는 것보다는, 직관적인 방법으로 더 분명하게 자주 생각이 납니다.

악의 malice

I shall do nothing through malice, what I deal with is too vast for malice.

나는 악의를 가지고 아무 일도 하지 않을 것입니다. 내가 다루는 일들은 악의로 다루기에는 너무나 방대하기 때문입니다.

안전 safety

The only assurance of our nation's safety is to lay our foundation in morality and religion.

우리나라 안전에 대한 유일한 확신은 우리의 기반을 도덕성과 신앙심에 두는 것입니다.

암살 assassination

I do not consider that I have ever accomplished anything without God, and if it is His will that I must die by the hand of an assassin, I must be resigned.

I must do my duty as I see it, and leave the rest with God.

나는 하나님의 도움 없이 그 어떤 것도 성취하였다고 생각하지 않습니다. 그리고 내가 어느 암살범의 손에 죽어야만 한다는 것이 하나님의 뜻이라면, 나는 감수하여야만 합니다.

내가 뜻하는 대로 임무를 수행하여야 하고, 그 밖의 다른 일들은 하나님께 맡겨야 합니다.

암살 assassination

I soon began to dream… I heard subdued sobs, as if a number of people were weeping… I left my bed and wandered downstairs… There I met with a sickening surprise.

Before me was a catafalque, on which rested a corps wrapped in funeral vestments. Around it were stationed soldiers who were acting as guards, and there was a throng of people, gazing mournfully upon the corpse, whose face was covered, others weeping pitifully.

"Who is dead in the White House?" I demanded of one of

the soldiers, "The President", was his answer, "he was killed by an assassin."

나는 바로 꿈을 꾸기 시작하였습니다. 나는 몇몇 사람들이 울고 있는 것 같은 조용한 흐느낌 소리를 들었습니다. 침대에서 내려와 아래층으로 내려갔습니다. 거기에서 나는 역겹도록 놀라운 장면을 목격하였습니다.

내 앞에는 장례식 의상에 싸인 시체가 잠들어 있는 관대(棺臺)가 있었습니다. 그 주위에는 경비원 역할을 하고 있는 주둔군이 있었습니다. 그리고 얼굴이 가려진 시체를 슬픔에 잠겨 쳐다보는 인파가 있었습니다. 다른 이들은 가련하게 울고 있었습니다.

"이 백악관에서 죽은 이가 누구입니까?" 나는 군인들 중 한 사람에게 큰 소리로 물었습니다. "대통령입니다. 그가 암살을 당했어요."라고 그는 답하였습니다.

[주] 링컨은 1864년 두 번째로 대통령에 당선된 후, 1년이 채 되지 않은 1865년 4월에 존 부스(John W. Booth)에게 암살당하였습니다. 링컨은 이러한 사실을 미리 예감한 듯 이 꿈 이야기를 영부인 메리 토드 링컨(Mary Todd Lincoln)에게 하였습니다.

애국심 patriotism

There are no emoluments that properly belong to patriotism.

애국심에 합당하게 준하는 (높은) 보수는 없습니다.

[의역] (높은) 보수를 바라고 행하는 애국심은 없습니다.

애국심 patriotism

All the armies of Europe, Asia and Africa combined, with all the treasure of the earth (our own excepted) in their military chest, with a Bonaparte for a commander, could not by force, take a drink from the Ohio, or make a track on the Blue Ridge, in a trial of a thousand years.

유럽, 아시아 및 아프리카의 모든 군대가 그들의 군사용 금고 속에 세상의 모든 재화(財貨)(우리 것은 제외)를 갖고, 보나파르트 나폴레옹을 사령관으로 하여 수천 년을 무력으로 시도하여도, 오하이오강으로부터 물 한 잔을 강취할 수 없고, 불루리지산맥에 한 발자국의 흔적도 남길 수 없을 것입니다.

[의역] 세계의 모든 나라가 모든 물자를 동원하여 나폴레옹과 같은 유능한 사령관의 지휘하에 수천 년을 미국에 무력으로 도발하여도, 미국을 털끝만치도 건드릴 수 없을 것입니다.

[주] 여기서 'Bonaparte'는 나폴레옹(Napoléon)의 이름입니다. 오하이오강(Ohio River)은 미국 중부에 흐르는 강이고, 블루리지산맥(Blue Ridge Mountains)은 미국 북부 버지니아와 웨스트버지니아주에 걸쳐 있는 산맥입니다.

애국심 patriotism

Gold's good in its place but living, brave, and patriotic men are better than gold.

금은 그 자체로 값어치가 있습니다. 그러나 살아 있고 용감한 애국자들은 금의 가치보다 더 훌륭합니다.

애국심 patriotism

I am exceedingly anxious that the Union, the Constitution, and the liberties of the people shall be perpetuated in accordance with the original idea for which that struggle was made, and I shall be most happy indeed if I shall be an humble instrument in the hands of the Almighty, and of this, his almost chosen people, for perpetuating the objects of that great struggle.

나는 미합중국과 헌법 그리고 국민의 자유가 이를 위하여 투쟁해 온 본래의 이상대로 영속되기를 대단히 열망합니다. 그리고 그 위대한 투쟁의 목적을 영속시키기 위하여 내가 전능하신 하나님의 손에 쥐어진 작은 도구가 되고, 그래서 그의 선택된 사람으로 가까워질 수 있다면 정말 한없이 기쁠 것입니다.

애국심 patriotism

I would rather be assassinated than see a single star removed from the American flag.

성조기에서 별 하나가 사라지는 것을 보기보다는, 차라리 내가 암살당하는 것이 낫습니다.

[주] 여기서 star(별)는 미국의 주(州)를 상징합니다.

[의역] 미국에서 주(state) 하나가 없어지는 것을 보는 것보다, 차라리 내가 암살당하는 편이 더 낫습니다.

야망 ambition

You are ambitious, which, within reasonable bounds, does good rather than harm.

당신이 야심이 있다는 것은 합리적인 범위 내에서 당신에게 실보다는 득이 될 것입니다.

야망 ambition

Every man is said to have his peculiar ambition. Whether it be true or not, I can say for one that I have no other so great as that of being truly esteemed of my fellow men, by rendering myself worthy of their esteem.

모든 사람은 각자 자기의 고유한 야망을 가지고 있다고 합니다. 그것이 사실이든 아니든 간에 동료들의 존경을 받을 만한 가치가 있는 나 자신을 만듦으로써, 그들의 진정한 존경을 받는 것보다 더 대단한 일은 없을 것이라고 나는 주장할 수 있습니다.

야망 ambition

I have an irrepressible desire to live till I can be assured that the world is a little better for my having lived in it.

내가 이 세상에 살았기 때문에 이 세상이 조금이라도 나아진다는 확신을 할 수 있을 때까지, 나는 억누를 수 없는 생존의 욕망을 가지고 있습니다.

약속 promise

We must not promise what we ought not, lest we be called on to perform what we cannot.

우리가 수행할 수 없는 것을 요청받지 않도록, 우리는 해서는 안 될 것을 약속하면 안 됩니다.

어린이 child

A child is a person who is going to carry on what you have started. The fate of humanity is in his hands.

어린이는 당신이 시작한 일을 장차 수행할 당사자입니다. 인류의 운명이 그의 손에 달려 있습니다.

어머니 mother

All that I am, or hope to be, I owe to my angel mother. I

remember my mother's prayers and they have always followed me. They have clung to me all my life.

현재의 나 혹은 미래에 되고 싶은 나의 모든 것은 천사 같은 어머니의 덕분입니다. 나는 어머니의 기도들을 기억하고, 그것들은 항상 나를 따라다녔습니다. 그 기도들은 평생 동안 나와 밀착해 있었습니다.

언쟁 quarrel

Quarrel not at all. No man resolved to make the most of himself can spare time for personal contention. Still less can he afford to take all the consequences, including the vitiating of his temper and loss of self control.

언쟁은 결코 하지 마십시오. 자기 자신을 최대한 활용하기로 다짐한 사람은 사사롭게 언쟁할 시간을 낼 수가 없습니다. 더욱이 그는 자기 기분을 손상시키고, 자제력을 잃게 하는 것들을 포함한 모든 사태를 겪을 여유가 없습니다.

언쟁 quarrel

When I have friends who disagree with each other, I am very slow to take sides in their quarrel.

서로 간 의견이 다른 친구들이 있을 때, 나는 그들의 언쟁 중 누구의 편에 서는 것에 대하여 매우 신중하게 대처합니다.

얼굴 face

If I were two-faced, would I be wearing this one?

만일 내가 두 얼굴의 주인공이라면, 이 얼굴을 택할 것 같습니까?

[주] 그 당시 링컨 대통령은 자신의 얼굴에 만족하지 못하였으므로, 만일 두 개의 얼굴 중 하나의 선택권이 있다면 지금 얼굴이 아닌 다른 얼굴을 선택하지 않았을까 생각됩니다.

여론/민심 public opinion

A universal feeling, whether founded or ill-founded, cannot be safely disregarded.

보편적인 생각은 근거가 있든 없든 간에 아무 문제 없이 쉽게 무시될 수 없습니다.

여론/민심 public opinion

Public opinion in this country is everything.

이 나라(미국)의 여론은 모든 것을 좌지우지합니다.

[주] 링컨 대통령이 살던 19세기 중반에도 21세기 초반인 지금과 마찬가지로 여론이 나라를 좌지우지하였다는 사실이 흥미롭습니다.

여론/민심 public opinion

Our government rests in public opinion. Whoever can change public opinion, can change the government, practically just so much.

우리의 정부는 여론 위에 세워져 있습니다. 여론을 바꿀 수 있는 사람은 누구나 실질적으로 그만큼(여론을 바꾼 정도만큼) 정부를 변화시킬 수 있습니다.

여론/민심 public opinion

Public opinion, though often formed upon a wrong basis, yet generally has a strong underlying sense of justice.

종종 잘못된 근거에서 생겨난 여론일지라도, 그것은 일반적으로 강력하고 근본적인 정의감을 내포하고 있습니다.

여론/민심 public opinion

There is both a power and magic in public opinion.

여론은 힘과 마력(魔力)을 모두 가지고 있습니다.

여성 woman

I have never studied the art of paying compliments to women, but I must say that if all that has been said by orators and poets since the creation of the world in praise of woman were applied to the women of America, it would not do them justice for their conduct during this war. God bless the women of America!

나는 여성들에게 찬사를 보내는 기법을 배운 적이 없습니다. 그러나 이 세상이 창조된 후부터 웅변가나 시인들이 여성에게 찬사를 보내기 위하여 말한 그 모든 것이 미국의 여성들에게 적용되더라도, 이 전쟁 중에 보여 준 그들의 행위에 대하여 공정하게 평가된 것일 수 없을 것이라고, 나는 강력히 말하지 않을 수 없습니다. 미국의 여성들에게 하나님의 축복을!

[주] 미국의 남북전쟁(1861~1865) 기간 동안 여성들의 헌신은 그 어떤 찬사로도 비교될 수 없을 정도로 대단한 것이라는 링컨 대통령의 생각을 보여 주고 있습니다.

여성 woman

Women are the only people I am afraid of who I never thought would hurt me.

내가 유일하게 무서워하는 사람들은 나를 해칠 것이라고는 전혀 생각지도 못한 여성들입니다.

역경 adversity

Adversity does not make us frail, it only shows us how frail we are.

역경은 우리를 나약하게 만들지 않습니다. 그것은 우리가 얼마나 나약한지를 보여 줄 뿐입니다.

역사 history

History is not history unless it is the truth.

역사의 진실을 왜곡한다면 그것은 역사가 아닙니다.

연설 speech

Extemporaneous speaking should be practiced and cultivated. It is the lawyer's avenue to the public.

However able and faithful he may be in other respects, people are slow to bring him business if he cannot make a speech.

즉석에서 연설하는 법을 연습하고 길러야 합니다. 이것이 일반인들에게 다가가는 변호사의 방안입니다.

다른 측면에서 변호사가 아무리 유능하고 진실되더라도 연설을 할 수 없으면, 사람들은 그에게 업무를 잘 맡기려고 하지 않습니다.

영광 honor

Always let your subordinates know that the honor will be all theirs if they succeed and the blame will be yours if they fail.

만일 당신의 부하들이 성공하면 그 영광은 모두 그들의 것이고,

실패하면 당신이 대신하여 비난을 받을 것이라는 사실을 부하들이 항상 알게 하십시오.

[주] 토사구팽(兔死狗烹), 즉 사냥하던 토끼를 잡으면 토끼를 잡은 사냥개도 필요 없게 되어 주인에게 삶아 먹힌다는 뜻으로, 필요할 때는 이용하고 불필요할 때는 야박하게 버린다는 말입니다. 위와 같이 정의롭지 못한 행동은 이 명언의 정반대되는 경우라고 볼 수 있습니다.

영속성 perpetuity

I hold, that in contemplation of universal law, and of the Constitution, the Union of these states is perpetual. Perpetuity is implied, if not expressed, in the fundamental law of all national governments.

나는 보편적 법칙과 헌법을 고려하여, 미합중국은 영원히 지속된다고 생각합니다. 비록 영속성이 명시되어 있지 않더라도, 그것은 모든 중앙정부의 기본법에 내재되어 있습니다.

영웅 hero

A nation that does not honor its heroes will not long endure.

국가의 영웅을 기리지 않는 나라는 영속되지 못할 것입니다.

예의/범절 manners

We should be too big to take offense and too noble to give it.

우리는 모욕을 받았을 때 아주 관대해야 하며, 또한 모욕을 주는 것에 매우 겸손해야 합니다.

[의역] 우리는 모욕을 받아도 도량이 매우 넓게 받아들여야 하며, 남의 감정을 상할 모욕을 주지 않도록 매우 절제해야 합니다.

예측 predictability

There are two things even God Almighty doesn't know, how a jury will decide, and who a widow will marry.

전능하신 하나님마저도 모르는 두 가지 일이 있습니다. 배심원은 어떻게 결정할까? 그리고 과부는 누구와 결혼할까?

옳고 그름 right & wrong

On principle I dislike an oath which requires a man to swear he has not done wrong. It rejects the Christian principle of forgiveness on terms of repentance. I think it is enough if the man does no wrong hereafter.

나는 원칙적으로 자기가 잘못을 저지르지 않았다고 맹세하는 것을 요구하는 선서를 싫어합니다. 그것은 회개하여 용서받을 수 있는 기독교의 원칙을 거부하기 때문입니다. 나는 회개한 사람이 지금부터 잘못을 저지르지 않으면 그것으로 충분하다고 생각합니다.

욕심 greed

A fellow once came to me to ask for an appointment as a minister abroad. Finding he could not get that, he came down to some more modest position.

Finally, he asked to be made a tide-waiter. When he saw he could not get that, he asked me for an old pair of trousers.

It is sometimes well to be humble.

어떤 사람이 외국 공사로 임명해 줄 것을 요청하기 위하여 나를 찾아왔습니다. 그는 그 직업을 얻지 못하게 되자, 좀 더 낮은 직위를 요청하였습니다.

마지막으로 그는 승선 세관 관리원이 되기를 요청하였습니다. 그는 그 직업마저 얻을 수 없게 되자, 나에게 낡은 바지 한 벌을 달라고 요청하였습니다.

가끔 겸손이 미덕일 때가 있습니다.

[주] 처음부터 본인의 수준에 알맞은 것을 요구하는 것이 상식적이고 현실적이라는 뜻으로 풀이됩니다.

용기 courage

Courage is not the absence of fear. It is going forward with the face of fear.

두려움이 없는 것이 용기가 아닙니다. 용기는 두려움의 얼굴을 가지고 전진하는 것입니다.

용기 courage

It often requires more courage to dare to do right than to fear to do wrong.

잘못할까 봐 두려워하는 것보다는 과감하게 잘하기 위하여 자주 더 많은 용기가 필요합니다.

우울감 melancholy

A tendency to melancholy… let it be observed, is a misfortune, not a fault.

우울감의 성향(性向)은 불운이지, 잘못이 아니라는 것을 깨닫게 하십시오.

우정 friendship

Do good to those who hate you and turn their ill will to friendship.

당신을 싫어하는 사람들에게 선행을 베풀어 주십시오. 그리고 그들의 악감정이 우정으로 돌아서도록 만드십시오.

우정 friendship

If friendship is your weakest point then you are the strongest person in the world.

만일 우정이 당신의 가장 큰 약점이라면, 당신은 이 세상에서 가장 강한 사람입니다.

[의역] 당신의 교우 관계가 가장 큰 약점이라면, 돌봐야 할 혹은 도움을 받아야 할 친구가 별로 없을 것입니다. 그렇다면 당신은 엄청나게 강하고 독립적이어야만 할 것입니다.

우정 friendship

Friendship is the start for what you call love.

우정이란 당신이 사랑이라고 부르는 것을 향한 출발입니다.

우정 friendship

The better part of one's life consists of his friendships.

인생에서 더욱 좋은 부분은 그의 교우 관계가 차지합니다.

웃음 laughter

Laughter is the joyous, beautiful, universal evergreen of life.

웃음이란 즐겁고, 아름답고, 보편적인 삶의 상록수입니다.

웃음 laughter

Laughter can be used to soothe the mind and get rid of

those awful thoughts.

웃음은 마음을 달래 주는 데 사용될 수 있으며, 그 끔찍스러운 생각들을 없애 줍니다.

웃음 laughter

Why don't you laugh? If I did not laugh I should die, and you need this medicine as much as I do.

웃지 않으시렵니까? 만일 내가 웃지 않는다면, 나는 죽을 것입니다. 그리고 당신은 나와 마찬가지로 이 약(웃음)이 필요합니다.

웃음 laughter

A good, real, unrestrained, hearty laugh is a sort of glorified internal massage, performed rapidly and automatically…
With the fearful strain that is on me night and day, if I did not laugh I should die.

즐겁고, 실질적이고, 억제되지 않은 쾌활한 웃음은 빠르고 자동적으로 실시된 기분 좋은 체내 안마와도 같습니다.
밤낮을 가리지 않고 나를 감싸는 무서운 압박감 때문에 내가 웃지 않는다면, 나는 죽을 것입니다.

원인/이유 cause

There are no accidents in my philosophy. Every effect must

have its cause. The past is the cause of the present, and the present will be the cause of the future. All these are links in the endless chain stretching from the finite to the infinite.

나의 철학에 우연이란 없습니다. 모든 결과는 그의 원인이 있어야 합니다. 과거는 현재의 원인이고, 현재는 미래의 원인이 될 것입니다. 이러한 모든 것들이 유한(有限)에서 무한(無限)으로 이어져 있는 끝없는 사슬의 고리들입니다.

원칙 principle

Be sure you put your feet in the right place, then stand firm.

올바른 곳에 당신의 발을 디뎌야만 합니다. 그리고 그곳에 굳게 서십시오.

원칙 principle

I am not bound to win but I am bound to be true. I am not bound to succeed but I am bound to live the best life that I have.
I must stand with anybody that stands right, stand with him while he is right and part with him when he goes wrong.

내가 꼭 이겨야만 하는 것은 아닙니다. 그러나 나는 진실해야만 합니다. 내가 꼭 성공해야만 하는 것은 아닙니다. 그러나 나는 나에게 주어진 최고의 삶을 살아야 합니다.

나는 누구든 옳은 것을 추구하는 사람을 지지해야 합니다. 그가 옳을 때에는 지지해 주고, 옳지 못하게 될 때에는 그를 떠나야 합니다.

원칙 principle

Important principles may, and must, be inflexible.

중요한 원칙은 융통성이 아주 적거나, 아주 없어야 합니다.

원칙 principle

Organizations rallied around principles may, by their own dereliction, go to pieces, but the principle will remain and will reproduce another⋯ till the final triumph will come.

원칙을 기반으로 힘을 합친 조직은 그들 스스로의 포기에 의하여 산산조각이 날지도 모릅니다. 그러나 그 원칙은 최후의 승리가 올 때까지 계속 남을 것이며, 또 그것을 재생할 것입니다.

원칙 principle

There is an important sense in which government is distinctive from administration. One is perpetual, the other is temporary and changeable.

A man may be loyal to his government and yet oppose the particular principles and methods of administration.

정부가 행정과 구별되는 데에는 중요한 의미가 있습니다. 그 하나는 오랫동안 지속되는 것이고, 또 다른 것은 일시적이고 변동성이 있습니다.

어떤 사람은 그의 정부에 충성스러울지는 몰라도, 한편으로는 행정상의 특정한 원칙과 방법들을 반대할 수도 있습니다.

원칙 principle

A man has not the time to spend half of his life in quarrels. If any man ceases to attack me, I never remember the past against him.

사람은 일생의 반을 다투면서 지낼 시간이 없습니다. 만일 누구든지 나를 맹비난하는 것을 멈춘다면, 나는 그를 적대시한 과거를 결코 기억하지 않을 것입니다.

원칙 principle

If there is anything that links the human to the divine, it is the courage to stand by a principle when everybody else rejects it.

인간을 신(하나님)과 연결시켜 주는 그 무엇이 있다면, 그것은 다른 모든 사람들이 원칙을 거부할 때 그 원칙을 고수할 수 있는 용기입니다.

원칙 principle

I walk slowly, but I never walk backwards.

나는 천천히 걷습니다. 그러나 절대 뒷걸음질 치지는 않습니다.

[의역] 나는 천천히 발전합니다. 그러나 절대로 후퇴하지는 않습니다.

원칙 principle

My faith in the proposition that each man should do precisely as he pleases, which is exclusively his own, is at the foundation of the sense of justice that is in me. I extend the principle to communities of men as well as individuals.

각자가 전적으로 자기 자신이 꼭 원하는 대로 해야 한다는 제의에 대한 나의 믿음은 내 마음속에 있는 정의감의 기반에 기초합니다. 나는 그 원칙을 개인뿐만 아니라 사회공동체로 확장하여 적용합니다.

원칙 principle

No man is good enough to govern another man without the other's consent. I say this is the leading principle—the sheet anchor of American republicanism.

아무도 다른 사람의 동의 없이 그를 지배할 만한 역량을 갖고 있지 못합니다. 나는 이것이 가장 중요한 원칙, 즉 미국 공화주의의 근간이라고 말씀드립니다.

위대함 greatness

You can tell the greatness of a man by what makes him angry.

어떤 사람이 무슨 일에 화를 내는지를 살펴보면, 당신은 그 사람의 위대함의 정도를 알 수 있습니다.

[주] 화를 내는 주제(subjects)의 경중에 따라 그 사람의 인격을 가늠할 수 있다는 뜻으로 풀이됩니다.

위선자 hypocrite

Hypocrite: The man who murdered his parents, and then pleaded for mercy on the grounds that he was an orphan.

위선자란 자기 부모를 죽인 다음, 본인이 고아라는 이유를 들어 자비를 호소하는 자입니다.

위원회 committee

Committee: A group which succeeds in getting something done only when it consists of three members, one of whom happens to be sick and another absent.

위원회란 아픈 위원 한 명과 결석한 위원 한 명을 포함한 세 명의 위원으로 구성되었을 때만, 어떤 일을 성공적으로 처리할 수 있는 그룹입니다.

위험 danger

At what point then is the approach of danger to be expected? I answer, if it ever reach us, it must spring up amongst us. It cannot come from abroad.

If destruction be our lot, we must ourselves be its author and finisher. As a nation of free men, we must live through all time, or die by suicide.

그렇다면 어떤 시점에서 다가오는 위험을 예상할 수 있을까요? 만일 위험이 우리에게 닥친다면, 그것은 우리 중에서 갑자기 생겨날 것이라고 나는 답합니다. 그 위험은 외국으로부터 올 수가 없습니다.

만일 파멸이 우리의 운명이라면, 우리 자신이 그것을 만들고 끝내야 합니다. 우리는 자유민의 국가로서 영원히 살든지, 혹은 자살해 죽든지 해야만 합니다.

위험 danger

We hope all danger may be overcome, but to conclude that no danger may ever arise would itself be extremely dangerous.

우리는 모든 위험이 극복될 수 있을 것이라고 희망합니다. 그러나 언제든 아무 위험도 발생하지 않는다는 결론 그 자체는 극도로 위험할 것입니다.

음주벽 intemperance

The demon of intemperance ever seems to have delighted in sucking the blood of genius and of generosity.

폭음(暴飮)의 악마는 천재성의 피와 너그러움의 피를 빨아먹는 것을 항상 즐겨 온 것 같습니다.

[의역] 폭음의 폐해는 인간의 천재성과 너그러움을 파괴해 왔습니다.

의무 duty

It is a sin to be silent when it is your duty to protest.

당신이 항의해야 할 의무가 있을 때 입을 다물고 있는 것은 죄입니다.

의무 duty

With Malice toward none, with charity for all, with firmness in the right, as God gives us to see the right, let us strive on to finish the work we are in⋯.

하나님이 우리에게 선을 행할 수 있는 능력을 주셨으므로 누구에게도 악의를 품지 말고, 모든 이에게 관용을 베풀며, 진실에 의거한 확신을 가지고, (조국의 상처를 치유하기 위하여) 우리가 당면한 임무를 완수하는 데 최선을 다합시다.

의무 duty

He that knows anything of human nature doubts that interests will prevail over duty.

인간성을 조금이라도 아는 사람은 이해관계가 의무보다 우위를 차지할 것이라고 생각하지 않습니다.

의심 suspicion

Allow me to assure you, that suspicion and jealousy never did help any man in any situation.

의심과 시기는 경우를 불문하고 결코 어느 누구에게도 도움이 되지 않았음을, 나는 당신에게 확실하게 말할 수 있습니다.

의지 determination

Determine that the thing can and shall be done and then we shall find the way.

일을 성취할 수 있고, 또 성취될 것이라는 마음을 굳게 가지십시오. 그러면 우리는 할 수 있는 길을 찾을 것입니다.

의지 determination

You can have anything you want if you want it badly enough. You can be anything you want to be, do anything you set out to accomplish if you hold to that desire with singleness of purpose.

만일 당신이 어떤 것을 몹시 원한다면 그것을 가질 수 있습니다. 당신은 원하는 그 무엇도 될 수 있습니다. 만일 당신이 오직 한 가지 목적을 가지고 그 일의 성취를 고수할 수 있다면, 당신은 성취하고자 시작한 그 어떤 일도 할 수 있습니다.

의지 will

By all means, don't say, "If I can", say "I will".

부디 "내가 만일 할 수 있다면"이라고 말하지 말고, "내가 하겠습니다."라고 말하십시오.

의지 will

Will springs from the two elements of moral sense and self-interest.

(인간의) 의지는 도의심과 사리사욕의 두 요소로부터 야기됩니다.

이야기꾼 storyteller

I believe I have the popular reputation of being a storyteller, but I do not deserve the name in its general sense, for it is not the story itself, but its purpose, or effect, that interests me.

나는 이야기꾼으로 인기 좋은 평판을 갖고 있다고 믿습니다. 그러나 나는 일반적인 면에서 그 이름을 가질 자격이 없습니다. 왜냐하면 나에게 흥미 있는 것은 이야기의 내용 자체가 아니라, 이야기를 하는 목적이나 효과이기 때문입니다.

인간성 humanity

Human action can be modified to some extent but human nature cannot be changed.

인간의 행동은 어느 정도 수정될 수 있으나, 인간의 본성을 변경할 수는 없습니다.

인격 personality

Nearly all men can stand adversity, but if you want to test a man's character, give him power.

거의 모든 사람들은 역경을 이겨 낼 수 있습니다. 그러나 당신이 한 사람의 인격을 시험하고 싶다면, 그에게 권력을 주어 보십시오.

인내/인내심 patience

A man watches his pear tree day after day, impatient for the ripening of the fruit. Let him attempt to force the process, and he may spoil both fruit and tree.

But let him patiently wait, and the ripe pear at length falls into his lap.

어떤 사람이 과일이 익기를 초조하게 기다리면서 날마다 그의 배나무를 지켜봅니다. 그가 속성재배를 시도하도록 내버려 두십시오. 그러면 과일과 나무 모두를 못쓰게 만들지 모릅니다.

그러나 그를 인내심 있게 기다리게 하십시오. 그러면 익은 배가 마침내 그의 무릎으로 떨어질 것입니다.

인류애 brotherhood

You cannot further the brotherhood of man by encouraging class hatred.

당신은 계층 간의 증오를 조장함으로써 인류애를 발전시켜 나갈 수 없습니다.

인생 life

Life is hard but so very beautiful.

인생은 어렵습니다. 그러나 그렇게 아름다울 수가 없습니다.

인정 recognition

Don't worry when you are not recognized, but strive to be worthy of recognition.

당신이 인정받지 못한다고 걱정하지 말고, 인정받을 만한 사람이 되기 위하여 분투하십시오.

일 event

The unpleasant events you are passing from will not have been profitless to you.

당신이 지금 지나쳐 버리는 불쾌한 일들이 장차 당신에게 보탬이 될 수 없는 것이 아닐지도 모릅니다.

[의역] 불쾌한 일들일지라도 그 일을 수행한다면 당신은 장차 수익을 얻을 수도 있을 것입니다.

일 work

Every man is proud of what he does well, and no man is proud of what he does not do well.

With the former, his heart is in his work, and he will do twice as much of it with less fatigue.

The latter performs a little imperfectly, looks at it in disgust, turns from it, and imagines himself exceedingly tired. The little he has done, comes to nothing, for want of finishing.

누구든지 그가 잘하는 일을 자랑으로 여깁니다. 그리고 아무도 잘 못하는 일을 자랑으로 여기지는 않습니다.

첫 번째 경우에는 그의 마음이 하는 일과 같이 있고, 피로를 덜 느끼면서 두 배의 일을 할 것입니다.

두 번째 경우에는 일을 좀 불완전하게 하면서, 싫증난 상태로 일을 생각하게 되어 결국 그만두게 됩니다. 또한 그 자신이 무척 피곤하다고 상상합니다. 그가 한 일이 별로 없으므로 마무리도 되지 않고 아무것도 아닌 결과가 초래됩니다.

일 work

My father taught me to work, he did not teach me to love it. I never did like to work, and I don't deny it.

I'd rather read, tell stories, crack jokes, talk, laugh—anything but work.

아버지는 나에게 일을 가르치셨지만, 일을 사랑하라고 가르치지는 않았습니다. 나는 일하는 것을 결코 좋아하지 않았고, 그 사실을 부정하지 않습니다.

나는 일을 제외한 그 모든 것, 즉 읽고, 이야기해 주고, 농담을 하고, 말을 걸고, 웃는 것을 하고 싶습니다.

일 work

Wanting to work is so rare a merit that it should be continued.

일하고자 원하는 마음은 계속되어야만 할 아주 희귀한 가치입니다.

일 work

Half-finished work generally proves to be labor lost.

절반만 완성된 일은 일반적으로 잃어버린 노동으로 판명됩니다.

[주] 일을 절반만 하고 중단하면 하지 않은 것과 마찬가지란 뜻입니다.

일 work

If you intend to go to work there is no better place than right where you are. If you do not intend to go to work, you cannot get along anywhere.

만일 당신이 일하러 갈 의사가 있다면 지금 있는 곳보다 더 좋은 곳은 없습니다. 만일 당신이 일하러 갈 의사가 없다면 어느 곳에서도 적응하여 살아갈 수가 없습니다.

일 work

Leave nothing for tomorrow which can be done today.

오늘 할 수 있는 일을 내일로 미루지 마십시오.

임금 wage

Capital has its proper place and is entitled to every protection. The wages of men should be recognized in the structure of and in the social order as more important than the wages of money.

자본은 그 고유한 위치를 점유하고 있으며, 모든 보호를 받을 권리가 있습니다. 사람들이 받는 임금은 체계적 및 사회적 질서의 측면에서 이자로 받는 돈보다 더욱 중요하게 인식되어야 합니다.

[주] 여기서 'the wages of money'는 이자(interest)로 간주됩니다.

제 9장

자본, 자비, 자유, 자존심, 자치정부,
잔인, 장군, 재난, 재산, 적, 전략, 전쟁,
전쟁법, 절제력, 점잖음, 정부, 정신,
정의, 정직, 정책, 정치, 정치가와 정치
인, 제도, 조롱, 종교, 주목, 주장, 죽음,
중압감, 지식, 지혜, 진실

자본 capital

Capital is only the fruit of labor, and could never have existed had not labor first existed.

자본은 노동의 산물일 뿐입니다. 그리고 노동이 처음(먼저) 존재하지 않았더라면, 자본은 절대로 존재할 수 없었을 것입니다.

자비 mercy

I have always found that mercy bears richer fruits than strict justice.

나는 자비가 엄격한 정의보다 더욱 풍부한 열매를 맺는다는 것을 언제나 경험해 왔습니다.

[의역] 나는 자비를 베푸는 것이 엄격하게 법을 집행하는 것보다 더 좋은 결과를 가져온다는 것을 언제나 경험해 왔습니다.

자유 freedom

Freedom is not the right to do what we want, but what we ought.

자유란 우리가 하고 싶은 일을 하는 권리가 아니라, 우리가 해야 할 일을 하는 권리입니다.

자유 freedom

Freedom is the natural condition of the human race, in which the Almighty intended men to live.

Those who fight the purpose of the Almighty will not succeed. They always have been, they always will be beaten.

자유는 전능하신 하나님께서 인간들이 삶을 영위하도록 배려해 주신 인류의 자연스러운 삶의 환경입니다.

이러한 하나님의 목적에 대항하는 자들은 성공할 수 없습니다. 그들은 항상 패배해 왔고, 앞으로도 항상 패배할 것입니다.

자유 freedom

Those who deny freedom to others, deserve it not for themselves. And, under a just God, cannot long retain it.

남의 자유를 거부하는 자들은 그들 자신의 자유도 누릴 수 없습니다. 그리고 공정한 하나님 밑에서 그들은 남의 자유를 거부하는 행위를 오랫동안 유지할 수 없을 것입니다.

자유 freedom

But it(this country) will become a new Valley of Jehoshaphat, where all the nations of the earth will assemble together under one flag, worshipping a common God, and they will celebrate the resurrection of human freedom.

그러나 이 나라는 (성서에 나오는) 새로운 여호사밧 골짜기가 될 것입니다. 그리고 그곳에는 온 세상 모든 나라들이 한 깃발 아래 함께 모여 만민의 하나님을 섬길 것입니다. 그리고 그들은 인간을 위한 자유의 부활을 축하할 것입니다.

[주] '여호사밧 골짜기'는 여호와가 심판하는 골짜기란 뜻으로, 하나님이 최후의 심판을 위해 세계의 모든 나라를 모을 상징적인 장소를 뜻하며, 일명 '심판의 골짜기'라고도 합니다.

자유 freedom

If we cannot give freedom to every creature, let us do nothing that will impose slavery upon any other creature.

만일 우리가 모든 생명체에게 자유를 줄 수 없다면, 우리 이외의 생명체에 노예의 처지를 부과하는 일은 하지 말아야 할 것입니다.

자유 freedom

Those who are ready to sacrifice freedom for security ultimately will lose both.

안보를 지키기 위하여 자유를 희생할 준비가 되어 있는 자들은 궁극적으로 양쪽(안보와 자유)을 다 잃을 것입니다.

[주] 예를 들어, 독재국가와 같이 안보를 핑계로 국민들의 권리와 자유를 희생시킨다면 그 나라는 결국 모든 것을 잃고 망할 것입니다.

자유 freedom

Freedom is the last, best hope of earth.

자유는 지구상에 존재하는 마지막이자 가장 존귀한 희망입니다.

자유 liberty

Cling to liberty and right, battle for them, die for them, if need be, and have confidence in God.

자유와 정의를 고수하십시오. 필요하다면 그것들을 위하여 싸우고 또 죽기를 불사하십시오. 그리고 하나님을 신뢰하십시오.

자유 liberty

"Liberty to all", the principle that clears the path for all, gives hope to all and, by consequence, enterprise, and industry to all.

"모든 사람들에게 자유를"이라는 원칙은 모든 사람들에게 갈 길을 터 주고, 희망을 주며, 결과적으로 그들의 진취성과 근면성을 높여 줍니다.

자유 liberty

The shepherd drives the wolf from the sheep's throat for which the sheep thanks the shepherd as his liberator, while the wolf denounces him for the same act as the destroyer of liberty.

Plainly the sheep and the wolf are not agreed upon a definition of liberty.

양치기가 양의 목을 물려는 위협으로부터 늑대를 몰아내면, 양은 자기를 구해 준 양치기에 감사하는 반면, 늑대는 같은 행동에 대하여 자기의 자유를 훼방한 자로서 양치기를 맹렬히 비난할 것입니다.

분명히 양과 늑대는 자유의 의미에 대하여 동의하지 않습니다.

자유 liberty

Don't kneel to me that is not right. You must kneel to God only, and thank him for the liberty you will hereafter enjoy.

나에게 무릎을 꿇지 마십시오. 그것은 옳지 않습니다. 당신은 하나님께만 무릎을 꿇어야 합니다. 그리고 지금부터 당신이 즐길 자유를 주신 하나님께 감사를 드려야 합니다.

자존심 self-respect

It is easiest to 'be all things to all men', but it is not honest. Self-respect must be sacrificed every hour in the day.

'누구에게나 마음에 들도록 행동하기'는 가장 쉽습니다. 그러나 그것은 정직한 것이 아닙니다. 왜냐하면 하루 온종일 매시간 자존심을 희생시켜야 하기 때문입니다.

자치정부 self-government

The master not only governs the slave without his consent, but he governs him by a set of rules altogether different from those which he prescribes for himself.

Allow all the governed an equal voice in the government, and that, and that only, is self-government.

주인은 노예의 승낙도 없이 그를 부릴 뿐만 아니라, 자신을 위하여 규정한 것과 완전히 다른 규칙들에 의하여 노예를 부립니다.

지배를 받는 모든 자들이 정부에서 동등한 발언권을 가질 수 있도록 허락하십시오. 그리고 그것, 그것만이 자치정부입니다.

잔인 cruelty

He who sees cruelty and does nothing about it is himself cruel.

잔인함을 보고도 아무 대처를 하지 않는 사람은 그 자신이 잔인한 것입니다.

장군 general

It has been said that one bad general is better than two good ones, and the saying is true if taken to mean no more than that an army is better directed by a single mind, though inferior, than by two superior ones at variance and cross-purposes with each other.

한 명의 능력 없는 장군이 두 명의 우수한 장군들보다 더 낫다는 말이 있어 왔습니다. 한 군대가, 부족하더라도 단일의 사고방식에 의하여 지휘를 받는 것이, 서로 변동이 많고 뜻이 어긋나는 두 명의 우수한 지휘관들에게 총괄되는 것보다 더 낫다는 뜻일 뿐이라면, 위 격언은 사실입니다.

재난 trouble

You can not keep out of trouble by spending more than you earn.

당신이 버는 것보다 더 많이 쓴다면 재난을 면할 수가 없습니다.

[주] 이것은 개인뿐만이 아니라 모든 조직의 운영에 적용되는 원칙이며, 특히 국가는 국민들로부터 거둬들인 세금의 운영에 심사숙고해야 할 기준입니다.

재산 property

Property is desirable, and is a positive good in the world. Let not him who is houseless pull down the house of another, but let him work diligently and build one for himself, thus by example assuring that his own shall be safe from violence when built.

재산은 필요합니다. 그리고 이 세상에서 긍정적인 도움이 됩니다. 집 없는 사람이 다른 사람의 집을 허물게 하지 맙시다. 그 사람이 열심히 일하도록 하여 자기 자신의 집을 짓게 합시다. 그래서

예를 들면, 새로 지어진 그의 집이 폭력으로부터 안전할 것임을 그에게 확인시켜 줍시다.

적 enemy

Do I not destroy my enemies when I make them my friends?

내가 적들을 나의 친구로 만든다면, 내가 그 적들을 없애 버린 것과 같지 않습니까?

전략 tactic

Better give your path to a dog than be bitten by him in contesting for the right. Even Killing the dog would not cure the bite.

길 지나가는 권리를 찾으려다 개에게 물리는 것보다는, 개에게 길을 내주는 것이 낫습니다. 그리고 개를 죽인다고 해서 물린 상처가 치료되는 것은 아닙니다.

전략 tactic

I shall try to correct errors when shown to be errors and I shall adopt new views so fast as they shall appear to be new views.

오류라고 보이면, 나는 그것들을 교정하기 위하여 노력할 것입니다. 그리고 새로운 견해라고 보이면, 나는 가장 빠르게 그것들을 채택할 것입니다.

전략 tactic

It is best not to swap horses while crossing the stream.

냇가를 건너는 동안은 타고 가던 말을 바꾸지 않는 것이 최상입니다.

[의역] 1) 일을 어느 정도 해 보아서 경험이 있는 사람을 도중에 바꾸지 않는 것이 최상입니다.

2) 당신이 아주 위험한 상황에 처해 있을 때, 쓸데없는 변화를 시도해 더욱 어려운 위기를 만들 필요는 없습니다.

전략 tactic

It is better to remain silent and be thought a fool than to speak out and remove all doubt.

공개적으로 말하여 모든 의심을 씻는 것보다는, 침묵을 지켜 바보로 보이는 것이 차라리 더 낫습니다.

전략 tactic

We won't jump that ditch until we come to it.

우리는 도랑에 도달하기 전까지 그것을 뛰어넘지 않을 것입니다.

[의역] 우리는 어떤 일을 실행하는 데 서두르지 않고 충분히 시간

을 두고 숙고한 후 마지막 단계에 할 것입니다.

전략 tactic

When I am getting ready to reason with a man, I spend one-third of my time thinking about myself and what I am going to say and two-thirds about him and what he is going to say.

내가 상대방을 설득할 준비가 되었을 때에는, 내 시간의 3분의 1 을 자신에 대한 생각과 내가 무엇을 이야기할 것인가에 대하여 할 당하고, 나머지 3분의 2의 시간은 상대방에 대한 정보와 그가 무엇 을 말할 것인가에 대하여 할당합니다.

전략 tactic

You cannot strengthen the weak by weakening the strong.

당신은 강한 자를 약화시켜 약한 자를 강화할 수는 없습니다.

[주] 독립된 일(사항)을 서로 연관시켜서 처리하는 행위는 별 효 과가 없다는 뜻으로 해석됩니다.

전략 tactic

I don't like that man. I must get to know him better.

나는 저 사람을 좋아하지 않습니다. 그래서 나는 그를 더 잘 알아 야 합니다.

전략 tactic

If I had eight hours to chop down a tree, I'd spend six hours sharpening my ax.

나무 한 그루를 베기 위하여 나에게 여덟 시간이 주어졌다면, 나는 도끼날을 가는 데에만 여섯 시간을 쓸 것입니다.

전쟁 war

There's no honorable way to kill, no gentle way to destroy. There is nothing good in war. Except its ending.

사람을 죽이는 데 명예로운 방법은 없습니다. 파괴를 하는 데 온화한 방법도 없습니다. 전쟁 중에 선한 일이란 없습니다. 전쟁의 종말만이 선한 일입니다.

전쟁 war

We accepted this war for an object, a worthy object, and the war will end when that object is attained. Under God, I hope it never will until that time.

우리는 하나의 목적, 즉 가치 있는 목적을 위하여 이 전쟁을 수락하였습니다. 그리고 이 전쟁은 그 목적이 달성될 때에 끝날 것입니다. 하나님의 주관하에 그때가 될 때까지 이 전쟁이 결코 끝나지 않기를 희망합니다.

[주] 여기서 'war'는 미국의 남북전쟁을 뜻하며, 'a worthy

object'란 전쟁이 끝나고 남북이 통일된 미합중국의 탄생을 의미합니다.

전쟁 war

I have seen your despatched expressing your unwillingness to break your hold where you are. Neither am I willing. Hold on with a bulldog grip, and chew and choke as much as possible.

주둔하고 있는 곳으로부터 도망치기 싫다는 당신의 급보를 보았습니다. 나도 그렇게 하는 것을 원하지 않습니다. 불도그와 같은 힘으로 꽉 잡고 (전투를) 견디십시오, 그리고 되도록 많이 (적을) 물어뜯고 목을 조르십시오.

[주] 미국의 남북전쟁에서 링컨 대통령이 한 장군에게 보낸 전보의 내용입니다. 여기서 'bulldog'는 원래 영국산 투견으로 힘이 센 개의 일종입니다.

전쟁법 law of war

You dislike the emancipation proclamation, and, perhaps, would have it retracted. You say it is unconstitutional, I think differently.
I think the constitution invest its commander-in-chief, with the law of war, in time of war.

당신은 노예해방선언을 싫어합니다. 그리고 아마도 이를 철회하기를 원할 것입니다. 당신은 그것이 위헌이라고 말하겠지만, 나는 생각이 다릅니다.

헌법은 전쟁 중 최고사령관에게 전쟁법의 권리를 부여한다고 나는 생각합니다.

[주] 여기서 'commander-in-chief(최고사령관)'는 링컨 대통령을 가리키며, 'in time of war'는 남북전쟁 중이란 뜻입니다.

절제력 discipline

Discipline is choosing between what you want now, and what you want most.

절제력이란 당신이 당장 원하는 것, 그리고 가장 원하는 것들 중의 하나를 선택하는 것입니다.

절제력 discipline

I am rather inclined to silence, and whether that be wise or not, it is at least more unusual nowadays to find a man who can hold his tongue than to find one who cannot.

나는 차라리 조용히 있는 경향이 있습니다. 그리고 그것이 현명한지 아닌지 간에, 요즈음에는 말을 참지 못하는 사람보다 말을 참는 사람을 찾기가 하다못해 더 어렵습니다.

점잖음 gentleness

Nothing is stronger than gentleness.

점잖음보다 더 강한 힘은 (이 세상에) 없습니다.

정부 government

A house divided against itself cannot stand. I believe this government cannot endure permanently half-slave and half-free.

I do not expect the union to be dissolved. I do not expect the house to fall, but I do expect it will cease to be divided. It will become all one thing or all the other.

자기들끼리 분열된 국회의 하원(下院)은 지탱할 수 없습니다. 나는 이 정부가 절반의 노예와 절반의 자유민 형태로는 영원히 지속될 수 없다고 믿습니다.

나는 이 연방이 분열되리라고는 생각지 않습니다. 나는 하원이 무너지리라고는 생각지 않으며, 오히려 하원이 분열되는 것을 멈출 것이라고 기대합니다. 하원은 어느 쪽이건 한쪽의 결론으로 모두 뭉칠 것입니다.

[주] 여기서 'all one thing or all the other'는 노예제도의 채택이냐 폐지냐를 의미합니다.

정부 government

It is not merely for today, but for all time to come that we should perpetuate for our children's children this great and free government, which we have enjoyed all our lives.

우리가 평생을 두고 향유해 온 이 위대한 자유주의 정부를 우리의 후세들을 위하여 영속시켜야 한다는 것은, 오늘만을 위한 것이 아니고 앞으로 다가올 미래를 위한 것입니다.

[주] 자유민주주의 체제를 추구하는 것만이 국민과 그 후손들이 자유롭고 풍요로운 삶을 유지할 수 있는 유일한 길임을 일깨워 주는 명언입니다.

정부 government

According to our ancient faith, the just powers of governments are derived from the consent of the governed.

우리의 오래된 신앙에 의하면, 정부의 공정한 권력은 피지배자(국민)들의 합의로부터 나온다는 것입니다.

정신 spirit

A noble spirit embiggens the smallest man.

고상한 정신은 가장 별 볼일 없는 사람을 크게 성장하게 합니다.

[의역] 고상한 정신을 가지면 소인도 대인이 될 수 있습니다.

정의 right

It has been said of the world's history hitherto that might makes right. It is for us and for our time to reverse the maxim, and to say that right makes might.

지금까지의 세계사는 권력이 정의를 만든다고 말해 왔습니다. 그 격언을 거꾸로 바꾸어, 정의가 권력을 만든다고 말하는 것이 우리와 우리 시대가 해야 할 일입니다.

정직 honesty

All that I am in the world, the Presidency and all else, I owe to that opinion of me which the people express when they call me "honest Old Abe".

내가 이 세상에서 미국 대통령직과 그 밖의 모든 직을 맡은 사람이 된 것은, 사람들이 나를 부를 때 "정직한 노인, 에이브"라고 표현해 준 나에 대한 그 견해 때문입니다.

[주] 여기서 'Abe(에이브)'는 Abraham(에이브러햄)의 애칭입니다.

정직 honesty

I have just received yours of 16th, with check on Flagg & Savage for twenty-five dollars. You must think I am a high-priced man.

You are too liberal with your money. Fifteen dollars is enough for the job. I send you a receipt for fifteen dollars, and return to you a ten-dollar bill.

나는 플래그 & 새비지 건에 대한 당신의 16일자 편지를 25달러 짜리 수표와 함께 방금 받았습니다. 당신은 틀림없이 나를 값비싼 사람(변호사)으로 생각한 것 같습니다.

당신은 너무 후하게 돈을 지불하려는 것 같습니다. 이번 일은 15 달러면 족합니다. 당신에게 15달러짜리 영수증을 보내 드리는 동 시에, 남는 돈은 10달러짜리 지폐로 돌려드립니다.

정직 honesty

I have always wanted to deal with everyone I meet candidly and honestly. If I have made any assertion not warranted by facts, and it is pointed out to me, I will withdraw it cheerfully.

나는 항상 만나는 모든 사람들을 숨김 없고 정직하게 대하기를 원해 왔습니다. 만일 내가 사실에 근거하지 않은 주장을 하였고, 그 런 사실을 지적받는다면, 나는 기꺼이 그 주장을 철회할 것입니다.

[주] 오늘날의 정치인들이 본받을 수 있는 명언이 아닐까요?

정책 policy

No policy that does not rest upon philosophical public opinion can be permanently maintained.

냉철한 여론을 반영하지 않은 정책은 영구히 유지될 수 없습니다.

정책 policy

The dogmas of the quiet past are inadequate to the stormy present. The occasion is piled high with difficulty, and we must rise with the occasion.

As our case is new, so we must think anew and act anew. We must disenthrall ourselves, and then we shall save our country.

조용하였던 과거에 존재한 독단적인 신조는 격렬한 언쟁이 오가는 현재에는 부적합합니다. 현재에는 어려운 도전이 높이 쌓여 있습니다. 그리고 우리는 이러한 경우에 정면으로 맞서 도전하여야 합니다.

새로운 도전을 맞이하여 우리는 새롭게 생각하고 또 새롭게 행동하여야 합니다. 우리는 스스로 속박을 푼 다음, 우리의 조국을 구하여야 합니다.

[주] 여기서 'dogmas(독단적인 신조)'는 포괄적으로 정책, 신념, 원칙 등을 의미하며, 'disenthrall(해방하다)'은 새로운 것에 대비하여 재고(再考)하고 차별화해야 한다는 뜻으로 풀이됩니다.

정책 policy

There are few things wholly evil, or wholly good. Almost

every thing, especially of governmental policy, is an inseparable compound of the two, so that our best judgment of the preponderance between them is continuously demanded.

전적으로 해롭거나, 전적으로 이로운 일은 거의 없습니다. 거의 모든 일, 특히 정부의 시책은 선과 악의 불가분한 복합체입니다. 그래서 그들 간의 우세함을 가릴 가장 좋은 판단력이 계속적으로 요구됩니다.

정치 politics

When someone asked Abraham Lincoln, after he was elected president, what he was going to do about his enemies, he replied, "I am going to destroy them. I am going to make them my friends."

에이브러햄 링컨이 대통령에 당선된 후, 어떤 사람이 그의 정적 (政敵)에 대하여 어떤 조치를 취할 것인가를 물었습니다. 그는 다음과 같이 답하였습니다. "나는 정적을 없애 버릴 것입니다. 그 대신에 그들을 나의 친구로 만들 작정입니다".

정치 politics

I had been told I was on the road to hell, but I had no idea it was just a mile down the road with a dome on it.

내가 지옥으로 향한 길을 가고 있었다고 누가 말해 주었습니다.

그러나 나는 그 지옥이 이 길에서 다만 1마일 가서 있는, 반구형의 지붕을 가진 곳이라는 것을 상상도 하지 못했습니다.

[주] 여기서 'it… with a dome on it(반구형의 지붕을 가진 곳)' 은 미국의 국회의사당 건물을 지칭한 것입니다. 그리고 이 문장은 그 당시 정치 상황이 얼마나 어려웠던가를 암시해 주고 있습니다.

정치 politics

If the politicians and leaders of parties were as true as the people, there would be little fear that the peace of the country would be disturbed… If you, the people, are but true to yourselves and to the Constitution, there is but little harm I can do.

만일 정치인이나 정당의 지도자들이 국민들만큼 진실하다면, 나라의 평화를 위협하는 데 대한 걱정은 거의 없을 것입니다. 만일 당신들, 즉 국민들이 자신과 헌법에 오직 충실할 뿐이라면, 내(정부)가 국민들에게 끼칠 피해는 거의 없을 것입니다.

[수] 여기서 'I can do'의 'I'는 링컨 대통령을 지칭하지만, 링컨의 정부를 뜻하는 말이기도 합니다.

정치 politics

My politics are short and sweet like the old woman's dance.
나의 정치적 능력은 노파의 춤처럼 부족하고 순수합니다.

정치가와 정치인 statesman & politician

A statesman is he who thinks in the future generations, and a politician is he who thinks in the upcoming elections.

정치가(政治家)란 미래의 세대를 생각하는 사람이고, 정치인(政治人)이란 앞으로 다가올 선거들을 생각하는 사람입니다.

[주] 그 당시나 지금이나 똑떨어지는 명언입니다.

제도 institutions

It may be affirmed, without extravagance, that the free institutions we enjoy, have developed the powers, and improved the condition, of our whole people, beyond any example in the world.

우리가 누리고 있는 자유주의 제도가 이 세상의 모든 전례를 뛰어넘어 모든 인민의 권력을 성장시켰고, 그들 삶의 환경을 개선하였다는 것을 과장 없이 단언할 수 있습니다.

조롱 ridicule

I have endured a great deal of ridicule without much malice, and have received a great deal of kindness, not quite free from ridicule. I am used to it.

나는 많은 조롱을 적의 없이 견뎌 왔습니다. 그리고 조롱이 약간 섞인 친절함도 많이 겪어 왔습니다. 나는 그것에 익숙해져 있습니다.

[주] 링컨이 처음 대통령직을 수행할 시절에 쓴 글입니다.

종교 religion

That I am not a member of any Christian church is true, but I have never denied the truth of the Scriptures, and I have never spoken with intentional disrespect of religion in general, or of any denomination of Christians in particular.

내가 아무 교회의 신도도 아니라는 것은 사실입니다. 그러나 나는 성경의 진리를 부정해 본 적은 없습니다. 그리고 종교의 전반에 대하여, 혹은 특별히 기독교의 교파에 대하여 의도적으로 불경하게 이야기한 적이 결코 없습니다.

종교 religion

I do not think I could myself, be brought to support a man for office, whom I knew to be an open enemy of, and scoffer at, religion.

내가 알기로 종교의 공적(公敵)이자, 종교를 비웃는 사람을 공직에 오르도록 나 자신이 지지한다는 것은 있을 수 없는 일입니다.

종교 religion

Weakness is what keeps driving us to God, by the

overwhelming conviction that there just isn't anywhere else to
go.

더 이상 어느 곳이든 갈 곳이 없다는 강한 확신 때문에, 나약함은
우리를 하나님께 계속 다가가게 만듭니다.

주목 publicity

What kills a skunk is the publicity it gives itself.

스컹크를 죽게 만드는 원인은 스스로 (독한 냄새를 풍겨) 여러
사람들에게 주목을 받게 만들기 때문입니다.

[주] 스컹크는 지독한 냄새를 풍기는 족제빗과 동물입니다.

주장 appeal

Among free men there can be no successful appeal from the
ballot to the bullet.

투표로부터 총알(무력)로 가는 것은 자유민들을 위하여 성공적
인 호소가 될 수 없습니다.

[의역] 자유민들 중에서 합법적인 투표가 아니고 무력이 사용되
는 내란으로 가는 길을 주장한다면, 그것은 성공적인 호소가 될 수
없습니다.

주장 assertion

I believe it is an established maxim in morals that he who makes an assertion without knowing whether it is true or false, is guilty of falsehood, and the accidental truth of the assertion does not justify or excuse him.

"사실인지 거짓인지도 모르고 자기주장을 하는 사람은 거짓에 대한 책임이 있으며, 그의 주장이 우연한 진실일지라도 그는 정당화되거나 용서받을 수 없다."라는 말은 도덕적으로 인정받는 격언이라고 나는 믿습니다.

죽음 death

"Now he belongs to the ages."

"이제 그(링컨 대통령)는 시대의 위대한 인물이 되었습니다."

[주] 1865년 4월 링컨 대통령이 암살당한 후, 다음 날 링컨의 임종 시 각료(Secretary of War)였던 에드윈 스탠턴(Edwin M. Stanton)이 그의 옆에서 외친 말입니다.

죽음 death

If I am killed, I can die but once, but to live in constant dread of it, is to die over and over again.

내가 죽임을 당한다면 나는 한 번만 죽을 수 있습니다. 그러나 죽음의 끊임없는 두려움 속에서 산다는 것은 계속해서 죽음을 되풀이하는 것과 마찬가지입니다.

중압감 conviction

I have been driven many times upon my knees by the overwhelming conviction that I had nowhere else to go. My own wisdom and that of all about me seemed insufficient for that day.

나는 더 이상 갈 데가 없다는 엄청난 중압감으로 무릎을 꿇은 적이 한두 번이 아니었습니다. 그런 날에는 나 자신의 지혜와 나의 모든 것에 대한 지혜가 불충분한 것처럼 보였습니다.

지식 knowledge

Investment in knowledge pays the best interest.

지식에 대한 투자는 가장 좋은 이문을 남깁니다.

[의역] 사람들이 지식을 넓히는 것은 그들에게 가장 좋은 혜택이 돌아오게 해 줍니다.

지혜 wisdom

I do not think much of a man who is not wiser today than he was yesterday.

나는 어제보다도 오늘 더 현명해지지 못한 사람을 대단하게 여기지 않습니다.

지혜 wisdom

If we exchange one dollar, we both have one dollar each. But if we exchange one good thought, we both have two good thoughts.

우리가 1달러를 서로 교환한다면 각자 1달러씩 갖게 됩니다. 그러나 우리가 하나의 좋은 의견을 서로 교환한다면 우리 모두는 두 개의 좋은 의견을 갖게 될 것입니다.

지혜 wisdom

All true wisdom is found on T-shirts.

진실된 모든 지혜는 티셔츠 위에서 발견됩니다.

[의역] 진실된 모든 지혜는 사람들이 입고 다니는 티셔츠에 그려진 글이나 그림에서 볼 수 있습니다.

진실 truth

I never encourage deceit, and falsehood, especially if you have got a bad memory, is the worst enemy a fellow can have. The fact is truth is your truest friend, no matter what the circumstances are.

나는 절대로 속임수를 권장하지 않습니다. 그리고 특히 당신이 나쁜 기억력을 가졌다면, 거짓말은 인간이 가질 수 있는 가장 좋지 않은 적입니다. 어떠한 경우라도 진실이 당신의 가장 진정한 친구라는 것은 사실입니다.

진실 truth

I planted myself upon the truth and the truth only, so far as I knew it, or could be brought to know it.

현재 내가 아는 진실, 그리고 내가 과거에 안 진실, 혹은 내가 미래에 알게 될 진실에만 나의 입지를 굳혔습니다.

진실 truth

There is another old poet whose name I do not now remember who said, "Truth is the daughter of time, not of authority."

내가 지금 이름을 기억할 수 없는 어떤 늙은 시인이, "진실이란 시간의 자손이지, 권력의 자손이 아니다."라고 말했습니다.

[의역] 내가 지금 이름을 기억할 수 없는 어떤 늙은 시인이, "진실은 시간의 흐름이 밝혀 주는 것이고, 권력에 의하여 좌지우지되는 사항이 아니다."라고 말했습니다.

진실 truth

Truth is generally the best vindication against slander.

진실은 일반적으로 중상모략에 대항할 수 있는 가장 좋은 해명입니다.

진실 truth

If you call a tail a leg, how many legs does a dog have? Five? No, calling a tail a leg doesn't make it a leg.

만일 당신이 꼬리를 다리라고 간주한다면, 개는 다리가 몇 개일까요? 다섯 개? 아니오, 꼬리를 다리라고 부른다고 꼬리가 다리가 되지는 않습니다.

[주] 모든 일은 진실에 의거하여 순리대로 해석해야만 한다는 뜻으로 풀이됩니다.

Quotes of Abraham Lincoln

제10장

창조물, 책, 책임, 천재, 철학,

청중, 취미, 친구, 친절

창조물 creation

All creation is a mine, and every man a miner.

모든 창조물은 광산입니다. 그리고 모든 사람은 광부입니다.

[의역] 이 세상 만물은 광산과 같으며, 모든 사람들은 그곳에서 광물을 캐는 광부와 같습니다.

책 book

A new book is like a friend that I have yet to meet.

새(읽지 못한) 책은 내가 아직 만나지 못한 친구와 같습니다.

책 book

The thing I want to know are in books, my best friend is the man who'll get me a book I ain't read.

책에는 내가 알고 싶은 것들이 모두 있습니다. 아직 읽지 못한 책을 내게 가져다주는 사람이 나의 가장 좋은 친구입니다.

책임 duty

I hold that while man exists, it is his duty to improve not only his own condition, but to assist in ameliorating mankind.

인간이 존재하는 한 그의 책임은 자신의 삶의 환경을 향상시켜야 할 뿐만이 아니라, 인류의 삶을 개선시키는 데 도움을 주어야 하는 것이라고 나는 생각합니다.

책임 responsibility

You cannot escape the responsibility of tomorrow by evading it today.

당신은 내일의 책임을 오늘 회피함으로써 그것을 모면할 수는 없습니다.

천재 genius

Towering genius disdains a beaten path. It seeks regions hitherto unexplored. It thirsts and burns for distinction….

대단히 뛰어난 천재는 이미 밟아 다진 길을 무시합니다. 그는 지금까지 개척되지 않은 영역을 추구합니다. 그는 탁월함을 추구하여 목말라 하고 애태웁니다.

철학 philosophy

The philosophy of the school room in one generation will be the philosophy of government in the next.

한 세대가 학교 교실에서 배우는 철학은 다음 세대에서 그들 정부의 철학이 될 것입니다.

[주] 학교에서 가르치는 올바른 공교육의 중요성은 아무리 강조

해도 지나치지 않으며, 어쩌면 나라의 존폐에도 영향을 미칠 수 있음을 일깨워 줍니다.

청중 audience

I always assume my audiences are wiser than I am, and I say the most sensible thing I can to them and I never found that they did not understand me.

나는 언제나 청중이 나보다 더 지혜롭다고 가정합니다. 그리고 그들에게 내가 할 수 있는 가장 합리적인 생각을 전달합니다. 또한 나는 그들이 나의 뜻을 이해하지 못하는 것을 결코 본 적이 없습니다.

취미 hobby

Two of my favorite things are sitting on my front porch smoking a pipe of sweet hemp, and playing my Hohner harmonica.

내가 가장 좋아하는 두 가지 취미는, 앞 현관에 앉아서 달콤한 삼을 파이프로 피우는 것과 호너(Hohner)사에서 만든 내 하모니카를 부는 것입니다.

[주] 링컨 대통령도 여느 사람과 마찬가지로 아주 소박한 두 가지의 취미를 즐겼습니다.

친구 friend

A friend is one who has the same enemies as you have.

친구란 본인이 가진 적과 같은 적들을 가진 사람입니다.

[의역] 친구의 적을 자신의 적으로 여기는 사람을 친구라 부릅니다.

친구 friend

Think of strangers as friends you not met yet.

당신이 아직까지 만나지 못한 낯선 사람들을 당신의 친구로 여기십시오.

[의역] 당신이 앞으로 만날 사람들을 친구로 사귀되, 적으로는 만들지 마십시오.

친구 friend

How miserably things seem to be arranged in this world. If we have no friends, we have no pleasure, and if we have them, we are sure to lose them, and be doubly pained by the loss.

이 세상이 돌아가고 있는 상황이 얼마나 비참하게 보입니까? 만일 우리에게 친구가 없다면 즐거움도 없습니다. 그리고 우리가 친구들을 가졌다면 우리는 그들을 분명히 잃어버릴 것이고, 그로 인해 두 배로 고통을 받을 것입니다.

친구 friend

I desire so to conduct the affairs of this administration that if at the end, when I come to lay down the reins of power, I have lost every friend on earth, I shall at least have one friend left, and that friend shall be down inside of me.

나는 이 행정부의 임무를 수행하는 데 있어, 만일 마지막 단계에서 내가 정권을 내려놓을 때 이 세상의 모든 친구를 잃더라도, 단 한 명의 친구가 남아 내 가슴속에 살아 있을 수 있기를 희망합니다.

친절 kindness

Kindness is the only service that will stand the storm of life and not wash out.

친절은 인생의 폭풍(악천후)을 견디어 내고, 또한 씻겨 없어지지 않을 유일한 서비스(봉사)입니다.

Quotes of Abraham Lincoln

제11장

코끼리

코끼리 elephant

When you have got an elephant by the hind legs and he is trying to run away, it's best to let him run.

당신이 코끼리의 뒷다리를 잡고 있고, 코끼리가 도망치려고 할 때, 도망치도록 놔두는 것이 상책입니다.

[주] 상대방의 힘이 대단하여 그를 제압하기 어려운 경우에는 차라리 놓아주는 것이 상책이라는 뜻입니다.

Quotes of Abraham Lincoln

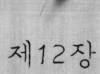

제12장

통일, 투쟁, 투표

통일 unification

May our children and our children's children to a thousand generations, continue to enjoy the benefits conferred upon us by a united country.

우리의 아이들과 그 아이들의 아이들이 천대(千代)에 걸쳐 통일된 나라가 우리에게 부여한 혜택을 계속해서 즐길 수 있도록 할지어다.

[주] 여기서 'a united country'는 남북전쟁이 끝난 후 통일된 미합중국을 의미합니다. 이는 특히 통일을 염원하는 우리나라가 바라는 소원이기도 합니다.

투쟁 struggle

The struggle of today, is not altogether for today. It is for a vast future also.

오늘날의 투쟁은 전적으로 오늘만을 위한 것은 아닙니다. 그것은 방대한 미래를 위한 것이기도 합니다.

투표 ballot

Ballots are the rightful and peaceful successors to bullets.

투표는 총알(무력)의 적법하고 평화적인 계승자입니다.

[의역] 민주주의적 절차에 의한 투표의 결과는, 과거에 폭력을 통

해 강압적으로 이루어진 결과에 대한 적법하고 평화적인 계승자입니다.

투표 ballot

To give victory to the right, not bloody bullets, but peaceful ballots only, are necessary··· It only needs that every right thinking man shall go to the polls and, without fear or prejudice, vote as he thinks.

옳은 일의 승리를 위하여서는 피 묻은 총탄이 아닌 평화로운 투표만이 필요한 것입니다. 올바른 정신을 가진 각자가 투표하러 가서 아무 두려움이나 편견 없이 생각하는 대로 투표를 하는 것이 필요할 뿐입니다.

투표 vote

It is not the qualified voters, but the qualified voters who choose to vote, that constitute political power.

정치 세력을 구성하는 자들은 투표할 자격이 있는 사람들이 아니라, 그들 중 투표를 선택한 사람들입니다.

[주] 여기서 'who choose to vote'는 실제로 투표를 할 사람들을 뜻합니다.

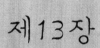

제13장

판단/평가, 평판, 평화,

폭도, 폭력, 핑계

판단/평가 judgement

If we could first know where we are, and whither we are tending, we could then better judge what to do, and how to do it.

만일 우리가 어디에 있는지 그리고 어디로 향하여 가는지를 우선 알 수 있다면, 그다음에 우리는 무엇을 하고 또 그것을 어떻게 해야 하는지를 더 잘 판단할 수 있을 것입니다.

판단/평가 judgement

Don't judge a man by the size of his ego or his heart, but on the epicness of his beard and the beautiful woman on his arm.

자존심 혹은 도량의 크기를 가지고 사람을 평가하지 말고, 그가 가진 수염의 웅장함과 그의 팔에 안긴 아름다운 여인을 보고 그를 평가하십시오.

[주] 이 글은 링컨이 자신을 빗대어 농담(joke)으로 한 말인 듯합니다.

평판 reputation

Reputation is like fine china, Once broken it's very hard to repair.

평판이란 질 좋은 도자기와 같은 것입니다. 한번 깨지면 보수하기가 매우 어렵습니다.

평화 peace

Avoid popularity if you would have peace.

당신이 평온을 얻으려면 인기인이 되지 마십시오.

폭도 mob

Your hisses will not blow down the walls of justice.

당신들의 "쉿" 하는 야유는 정의(正義)의 장벽을 무너뜨리지 못할 것입니다.

[주] 여기서 'Your hisses'의 You는 폭도(거친 데모꾼)들을 지칭한다고 생각됩니다.

폭력 violence

Violence begins where knowledge ends.

지식이 바닥났을 때 폭력이 유발됩니다.

핑계 pretense

A thousand pretenses for not getting along are all nonsense, they deceive nobody but yourself.

잘 어울려 살지 못하는 것에 대한 핑계는 모두 허튼소리입니다. 그 핑계는 아무도 못 속이고 오직 당신만을 속이는 것입니다.

Quotes of Abraham Lincoln

제14장

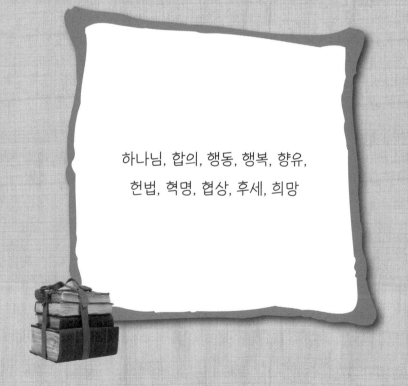

하나님, 합의, 행동, 행복, 향유,
헌법, 혁명, 협상, 후세, 희망

하나님 God

I have often wished that I was a more devout man than I am.

Nevertheless, amid the greatest difficulties of my administration, when I could not see any other resort, I would place my whole reliance in God, knowing that all would go well and that He would decide for the right.

나는 지금의 나보다 더 믿음이 강한 사람이었으면 하는 소원을 자주 가져 왔습니다.

그럼에도 불구하고 나의 행정부가 가장 큰 어려움에 빠져 어떤 해결책도 찾을 수가 없을 때, 나는 하나님께 전적으로 의지할 것입니다. 왜냐하면 나는 하나님께서 모든 것이 잘되게 인도해 주시고, 또 옳은 일을 위해 결정해 주시리라는 것을 알기 때문입니다.

하나님 God

It is not "Is God on my side?", but "Am I on God's side?"

"하나님께서 나의 편이신가?"가 아니라, "내가 하나님 편인가?"가 맞는 말입니다.

하나님 God

Both read the same Bible, and pray to the same God, and each invokes His aid against the other… The prayers of both could not be answered, that of neither has been answered fully. The Almighty has His own purposes.

　두 사람 모두 같은 성경을 읽고, 같은 하나님께 기도를 드립니다. 그리고 각자가 서로 맞서서 하나님의 도움을 간절히 바랍니다…. 하나님께서 양쪽의 기도를 모두 답해 줄 수는 없습니다. 즉 아무 쪽의 기도도 충분하게 답을 얻지 못하였습니다. 전능하신 하나님께서는 그분 자신의 의도를 갖고 계십니다.

하나님 God

God is the silent partner in ALL great enterprises.

하나님은 모든 위대한 사업의 말없는 동업자이십니다.

[의역] 하나님께서는 모든 뜻있는 일을 성공할 수 있도록 조용히 도와주십니다.

하나님 God

Having chosen our course, without guile and with pure purpose, let us renew our trust in God and go forward without fear and with manly hearts.

　간교한 속임수를 부리지 않고, 순수한 목적을 가지고 우리의 갈 길을 선택함으로써 신에 대한 우리의 믿음을 새로이 합시다. 그리고 두려움 없이 용감한 마음을 가지고 앞으로 전진합시다.

[주] 링컨 대통령이 1861년 3월 제1기 대통령에 취임하고 몇 달 후 국회에 보낸 특별 메시지입니다.

하나님 God

I can see how it might be possible for a man to look down upon the earth and be an atheist, but I cannot conceive how he could look up into the heavens and say there is no God.

나는 어떤 사람이 지구를 내려다보고 무신론자(無神論者)가 되는 것을 이해할 수 있습니다. 그러나 그가 하늘을 올려다보고 거기에 하나님이 계시지 않다는 말을 어떻게 할 수 있는지, 나는 도저히 상상이 가지 않습니다.

[주] 지구는 하나님께서 창조하신 우주의 한 점에 불과합니다. 그러나 하늘, 즉 우주는 인간이 완전히 인지하고 정복할 수 없는 광대한 신비의 세계입니다.

하나님 God

If we do not do right I believe God will let us go our own way to ruin. But if we do right, I believe He will lead us safely out of this wilderness, adorning our arms with victory.

만일 우리가 올바르게 행동하지 못한다면, 하나님께서는 우리 스스로가 파멸의 길을 가도록 할 것입니다. 그러나 우리가 선행을 한다면, 하나님께서 우리의 소매를 승리로 장식해 주시면서 우리가 이 황야에서 안전하게 벗어날 수 있도록 인도해 주시리라 나는 믿습니다.

하나님 God

The will of God prevails. In great contests each party claims to act in accordance with the will of God. Both may be, and one must be wrong. God can not be for, and against the same thing at the same time.

하나님의 의지가 팽배합니다. 큰 주도권 다툼에서 당사자들은 각기 하나님의 의지에 따라 행동한다고 주장합니다. 둘 다 틀렸거나, 하나는 확실히 틀렸습니다. 하나님께서는 동시에 같은 것을 찬성하거나 반대하실 수 없습니다.

합의 by concert

We can succeed only by concert. It is not "can any of us imagine better?" but "can we all do better?"

우리는 합의에 의하여서만이 성공할 수 있습니다. 그것은 "우리 중 어떤 사람이 더 좋은 창의력을 발휘할 수 있느냐?"가 아니라, "우리 모두가 함께 더 잘할 수 있느냐?"입니다.

행동 conduct

When the conduct of men is designed to be influenced, persuasion, kind, unassuming persuasion, should ever be adopted.

사람들의 행동에 영향을 주게 하려면 설득, 즉 친절하고 겸손한 설득을 항상 택하여야 합니다.

행복 happiness

Every man's happiness is his own responsibility.

각자의 행복은 본인 자신이 책임질 사항입니다.

행복 happiness

Most folks are about as happy as they make up their minds to be.

대부분의 사람들은 그들이 행복하다고 마음먹은 만큼 행복해집니다.

향유 enjoyment

You are young, and I am older. You are hopeful, I am not. Enjoy life, ere it grow colder. Pluck the roses ere they rot.

당신은 젊고, 나는 당신보다 늙었습니다. 당신은 희망에 차 있고, 나는 그렇지 못합니다. 삶이 냉혹해지기 전에 즐기십시오. 장미꽃이 시들기 전에 꺾으십시오.

헌법 Constitution

Don't interfere with anything in the Constitution. That must be maintained, for it is the only safeguard of our liberties.

헌법에 있는 것이면 무엇이든지 방해하지 마십시오. 헌법은 우리의 자유를 보호하는 유일한 장치이기 때문에 반드시 유지되어야 합니다.

혁명 revolution

Be not deceived. Revolutions do not go backwards.

속지 마십시오. 혁명은 퇴보하는 방향으로 가지 않습니다.

협상 negotiation

If you are going to fight, don't let them talk you into negotiating. But, if you are going to negotiate, don't let them talk you into fighting.

만일 당신이 싸우려 한다면, 그들이 당신과 협상하려고 말을 하도록 놔두지 마십시오. 그러나 당신이 협상을 하려 한다면, 그들이 당신과 싸우려고 말을 하도록 내버려 두지 마십시오.

후세 posterity

Few can be induced to labor exclusively for posterity. And none will do it enthusiastically.

오직 후세를 위해서만 일을 하도록 설득당하는 사람은 별로 없습니다. 그리고 아무도 그런 일을 열성적으로 하려 하지 않을 것입니다.

희망 hope

Teach hope to all, despair to none.

모든 사람들에게 희망을 가르치되, 아무한테도 절망을 가르치지 마십시오.

희망 hope

Behind the cloud the sun is still shining.

(하늘에) 구름이 끼어 있어도 그 구름 뒤에는 항상 해가 비치고 있습니다.

[의역] 인생살이에 역경이 닥쳤더라도 지나고 나면 쨍하고 해 뜰 날이 돌아올 것입니다.

● 참고문헌

Abraham Lincoln Quotes from www.allgreatquotes.com

Abraham Lincoln Quotes from www.azquotes.com

Abraham Lincoln Quotes from www.brainyquote.com

Abraham Lincoln Quotes from www.great-quotes.com

Abraham Lincoln Quotes from www.idioms.myjewelz.com

Abraham Lincoln Quotes from www.quotationspage.com

Abraham Lincoln Quotes from www.quoteworld.org

Ashiedu, B., 2018, *Abraham Lincoln Quotes-365 Quotes by Abraham Lincoln*, 365Quotebooks.com, Middletown, DE., p.147.

Cuomo, Mario M., 2004, *Why Lincoln Matters: Today more than ever*, Harcourt, Inc., New York, p.183.

Gangi, carol Kelly(Editor), 2017, *Quotable Wisdom, Abraham Lincoln*, Fall River Press, New York, p.149.

Humes, James C., 1996, *The Wit & Wisdom of Abraham Lincoln-A Treasury of Quotations, Anecdotes, and Observations*, Gramercy Books, New York, p.250.

Kirov, Blago, 2015, *Abraham Lincoln: Quotes & Facts*, Middletown, DE., p.38.

Leidner, Gordon(Editor), 2000, *Abraham Lincoln: Quotes, Quips, and Speeches*, Cumberland House, Nashville, Tennessee, p.159.

Morgan, James, 1908, *Abraham Lincoln, The Boy and the Man*, Grosset & Dunlap Publishers, New York, p.435.

Quote Octopus, 2010, *Abraham Lincoln Quotes*, Quoteoctopus.com, Melbourne, Australia, p.24.

Sreechinth, C., 2018, *Abraham Lincoln Quotes-Quotes by an American Legend*, Middletown, DE., p.135.

Stone, Tanya Lee, 2003, *Quotations of Abraham Lincoln*, Applewood Books, Carlisle, Massachusetts, p.32.

Stone, Tanya Lee, 2005, *Abraham Lincoln, A photographic story of a life*, DK Publishing, New York, p.128.

김동길, 2015, 『링컨의 일생』, 샘터.

Quotes of Abraham Lincoln

부록

가정 home

Here in my heart, my happiness, my house. Here inside the lighted window is my love, my hope, my life.

Peace is my companion on the pathway winding to the threshold. Inside this portal dwells new strength in the security, serenity, and radiance of those I love above life itself.

Here two will build new dreams, dreams that tomorrow will come true.

여기 내 가슴속에는 나의 행복인 집이 있습니다. 여기 불 켜진 창문 안에는 나의 사랑, 나의 희망, 나의 삶이 있습니다.

평화는 문지방으로 가는 구불구불한 오솔길 위에 있는 나의 친구입니다. 이 정문 안에는 내가 목숨을 초월하여 사랑하는 가족들의 안전, 평온, 그리고 찬란한 빛 속에서 새로운 힘이 살고 있습니다.

여기서 두 사람은 새로운 꿈들, 즉 미래에 실현될 꿈들을 꿀 것입니다.

거짓말/속임수 lies

You can always lie to others and hide your actions from them, but you can not fool yourself.

당신은 항상 다른 사람들에게 거짓말을 할 수 있고, 그들로부터 당신의 행동을 숨길 수 있습니다. 그러나 당신은 자신을 속이지는 못합니다.

겁쟁이 coward

To sin by silence when they should protest makes cowards of men.

사람들이 항의를 해야 할 때 침묵함으로써 죄를 짓는 행위는 그들을 겁쟁이로 만듭니다.

격정/열정 passion

Passion has helped us, but can do so no more. It will in future be our enemy. Reason, cold, calculating, unimpassioned reason, must furnish all the materials for our future support and defence.

격정은 과거에 우리에게 도움이 되었지만, 이제는 더 이상 그럴 수가 없습니다. 그것은 장차 우리의 적이 될 것입니다. 이성, 즉 차갑고 계산적이며 냉철한 이성이 우리 미래의 지원과 방어를 위한 모든 자료를 제공해야만 합니다.

[주] 여기서 'passion'이란 전쟁도 유발시킬 수 있는 격정을 뜻하며, 'reason(이성)'의 반대 개념으로 볼 수 있습니다. 전쟁으로 문제가 해결되는 세상은 이미 지났으며, 보편적 이성의 시대가 도래

할 것임을 예측한 글입니다.

견해 point of view

We can complain because rose bushes have thorns, or rejoice because thorn bushes have roses.

우리는 장미 숲에 가시가 있다고 불평할 수 있습니다. 혹은 가시 숲에 장미가 있다고 크게 기뻐할 수도 있습니다.

과거 past

Thus let bygones be bygones. Let past differences, as nothing be.

그러므로 지난 일은 지난 일로 내버려 두십시오. 과거의 서로 다른 점들을 아무것도 아닌 일로 취급하십시오.

[의역] 그러므로 지난 일들을 잊고, 과거의 괴리(乖離)를 무시하십시오.

[주] 과거의 일이나, 과거의 잣대에 의하여 처리된 일들을 지금에 와서 따지는 것은 쓸데없는 짓입니다.

과거의 상반된 일들로 인한 좋지 못한 감정을 씻고 서로 관용을 베푼다며, 어떠한 어려운 문제(issues)일지라도 슬기롭게 해결할 수 있다는 뜻으로, 링컨 대통령이 미합중국의 대통합을 이루어 낸, 근본적이고도 현실적인 정치철학의 근간입니다.

과거 past

As the problems are new, we must disenthral ourselves from the past.

(우리가 직면한) 문제들이 새로운 만큼, 우리는 과거로부터 우리 자신을 해방시켜야 합니다.

[주] 새 시대를 맞이한 우리 앞에는 새로운 책무가 산적해 있으므로, 과거의 일로부터 우리를 해방시켜 모든 힘을 새로운 임무에 쏟아부어야 한다는 뜻으로 풀이됩니다.

교육 learning

If you understand what you are doing, you are not learning anything.

만일 당신 자신이 하고 있는 일을 알고 있다면, 당신은 아무것도 배우지 못하고 있는 것입니다.

국민정서 public sentiment

In this age, in this country, public sentiment is everything. With public sentiment, nothing can fail. Without it, nothing can succeed.

Whoever molds public sentiment goes deeper than he who enacts statutes, or pronounces judicial decisions.

현시대에 이 나라에서 국민 정서는 모든 것을 대표합니다. 국민

정서가 뒷받침되면 실패할 수 있는 것은 아무것도 없습니다. 그것이 없이는 아무것도 성공할 수 없습니다.

누구든 국민 정서에 강한 영향을 주는 사람은 법령을 제정하거나 판결을 선고하는 사람보다 더 강력한 힘을 발휘합니다.

권리 right

This country, with its institutions, belongs to the people who inhabit it. Whenever they shall grow weary of the existing government, they can exercise their constitutional right of amending it, or exercise their revolutionary right to overthrow it.

제도적 기관들을 갖춘 이 나라는 그곳에 거주하는 국민들의 것입니다. 현존하는 정부에 염증이 날 땐, 그들은 언제나 그것을 바꿀 헌법적 권리를 행사할 수 있거나 혹은 그 정부를 전복시킬 혁명적 권리를 발휘할 수도 있습니다.

[주] 나라를 살리는 방법으로, 폭력적 혹은 비폭력적인 수단이 모두 동원될 수 있다는 링컨 대통령의 말씀이 뜻하는 바가 의미심장한 것 같습니다.

글 writing

If you want your name to be remembered after your death, either do something worth writing or write something worth reading.

만일 당신이 사후에 이름을 남기기를 원한다면 기록에 남을 만한 일을 하든지, 혹은 읽을 만한 가치가 있는 글을 쓰십시오.

기회 chance

I will prepare and some day my chance will come.

나는 준비할 것입니다. 그러면 언젠가는 나에게 기회가 올 것입니다.

[주] 이것은 역자의 가훈인 "미래를 위해 항상 준비하고, 주어진 바른 기회를 놓치지 말라"와 일맥상통합니다.

노동 labor

Labor is prior to, and independent of, capital. Capital is only the fruit of labor, and could never have existed if labor had not first existed.
Labor is the superior of capital, and deserves much the higher consideration. Capital has its rights, which are as worthy of protection as any other rights.

노동은 자본보다 우선이고, 자본과는 별도의 위치에 있습니다. 자본은 노동의 결실일 뿐이며, 노동이 먼저 존재하지 않았더라면 결코 존재하지 못하였을 것입니다.

노동은 자본보다 우위이며, 한층 더 높은 배려를 받아 마땅합니다. 자본도 권리를 가지고 있으며, 여느 다른 권리들과 마찬가지로 보호를 받을 가치가 있습니다.

노동 labor

No country can sustain, in idleness, more than a small percentage of its numbers. The great majority must labor at something productive.

어떤 나라도 일을 하지 않고서는 적은 수 이상의 국민을 살아가게 할 수 없습니다. 대부분의 국민들이 생산성 있는 노동을 하여야 합니다.

[주] 국가가 보편적인 복지를 내세워 무위도식하는 자들에게 퍼주는 행위를 자행한다면, 그것은 국가경제를 좀먹는 역효과를 초래할 것입니다. 일하지 않는 국민들이 늘어나게 되며, 국가의 생산성이 감소되어 국가가 쇠태의 길로 가는 지름길이 될 것입니다.

논쟁 argument

When arguing with a fool, make sure the opponent isn't doing the exact same thing.

당신이 바보와 논쟁을 벌일 때에는, 상대방이 당신과 똑같은 짓을 하지 않도록 하십시오.

[의역] 당신이 바보와 논쟁을 벌일 때에는, 상대방도 당신을 바보로 생각하고 논쟁을 벌이지 않도록 하십시오.

능력 ability

You can please some of the people some of the time, all of

the people some of the time, some of the people all of the time but you can never please all of the people all of the time.

당신은 일부 사람들을 잠시 기쁘게 할 수 있습니다. 또한 모든 사람들을 잠시 기쁘게 할 수 있으며, 일부 사람들을 항상 기쁘게 할 수 있습니다. 그러나 당신은 모든 사람들을 항상 기쁘게 할 수는 절대로 없습니다.

도움/지원 help

You can not help men permanently by doing for them what they could and should do for themselves.

당신은 사람들이 스스로 할 수 있고, 또 해야만 하는 일들을 대신해 줌으로써 그들을 영구히 도울 수는 없습니다.

도움/지원 help

You cannot help the poor man by destroying the rich.

당신은 부자를 망하게 하여 가난한 사람을 도울 수는 없습니다.

도움/지원 help

You cannot lift the wage earner up by pulling the wage payer down.

당신은 임금을 지불하는 자를 무너뜨려서 임금을 버는 자에게 혜택을 줄 수는 없습니다.

[의역] 당신은 고용주를 무너뜨려서 노동자에게 혜택을 줄 수는 없습니다.

동물 animal

I am in favor of animal rights as well as human rights. That is the way of a whole human being.

나는 인권과 마찬가지로 동물의 권리를 지지합니다. 그것이 인류 전체가 지켜야 할 길입니다.

[주] 하나님이 창조하신 동물도 인간과 마찬가지로 최소한의 생존 권리가 있으며, 이들은 인간과 서로서로 도우며 살아가야 합니다. 이를 뒷받침해 줄 선진화된 동물 헌법 및 관련 규정의 제정과 시행이 시급하다고 느껴집니다.

문제 trouble

The trouble with too many people is they believe the realm of truth always lies within their vision.

아주 많은 사람들의 문제점은 진실의 영역이 항상 그들의 예지력 속에 있다는 것을 믿는 것입니다.

미래 future

The best thing about the future is that it comes one day at a time.

미래의 가장 좋은 점은 우리에게 한 번에 하루씩 다가온다는 것입니다.

[주] 미래는 하늘에서 갑자기 떨어지는 것이 아니라, 시간의 흐름에 따라 천천히 다가오기 때문에 우리는 다행히도 시시각각 일어나는 사건들을 잘 이해하고 해결할 수 있으며, 또한 미래를 준비할 여유의 시간을 가졌다는 의미로 생각됩니다.

믿음 belief

Believing everybody is dangerous, but believing nobody is more dangerous.

모든 사람들을 신뢰하는 것은 위험합니다. 그러나 아무도 믿지 않는 것은 더욱 위험합니다.

반란 rebellion

Those who fairly carry an election can fairly suppress a rebellion.

선거를 공정하게 치르는 사람들은 반란을 공정하게 진압할 수 있습니다.

[의역] 투표를 공정하고 합헌적으로 치른다면, 그 결과가 무력으로 거부당할 일은 없을 것이며, 다음 선거에서도 마찬가지일 것입니다.

법률 law

The best way to get a bad law repealed is to enforce it strictly.

나쁜 법을 폐지시키는 가장 좋은 방법은 그 법을 엄격하게 집행하는 것입니다.

[주] 즉, 나쁜 법을 엄격하게 시행하다 보면 자연히 부작용이 많이 나타날 것이므로, 그 법을 폐지시키자는 여론을 고취시킬 수 있습니다.

부(富) riches

That some should be rich, show that others may become rich, and, hence, is just encouragement to industry and enterprise.

부자인 사람들도 있어야 한다는 것은, 그렇지 않은 사람들도 부자가 될 수 있다는 것을 보여 줍니다. 그리고 그런 이유로 그 논리는 근면성과 진취성에 대한 적절한 격려가 됩니다.

사람 man

Great men are ordinary men with extraordinary determination.
위대한 사람들이란 놀라운 투지를 가진 보통 사람들입니다.

사회 society

Any society that takes away from those most capable and gives to the least will perish.

가장 능력 있는 자들로부터 빼앗아서 가장 능력 없는 자들에게 퍼 주는 그 어떤 사회도 소멸되고 말 것입니다.

[주] 능력 없는 자들에게 무작정 퍼 주기보다는 적성에 맞는 교육과 훈련을 통하여 그들의 능력을 제고한 다음, 생산성 있는 활동에 참여시켜 사회의 퇴보를 막는 방법이 바람직 할 것이라는 뜻을 포함합니다.

삶/인생 life

In the end, It's not the years in your life that count. It's the life in your years.

결과적으로 중요한 것은 당신이 살아온 햇수가 아닙니다. 그것은 당신 삶의 질인 것입니다.

[의역] 결과적으로 당신이 살아온 나이가 중요한 것이 아니라, 당신이 사는 동안 어떤 보람 있는 일을 했는지가 더 중요한 문제인 것입니다.

상황 things

Things may come to those who wait, but only the things left by those who hustle.

기다리는 자에게는 기회가 올지 모릅니다. 그러나 그 기회는 활동이 왕성한 사람들이 남긴 상황일 뿐입니다.

[의역] 기다리는 자에게는 기회가 올지 모릅니다. 그러나 그 기회는 부지런한 사람들이 이미 챙긴 후 남겨진 상황일 뿐입니다.

선거 election

Elections belong to the people. It's their decision. If they decide to turn their back on the fire and burn their behinds, then they will just have to sit on their blisters.

선거란 국민들에게 속한 일입니다. 선거는 그들 결정의 결과입니다. 만일 그들이 화재를 무시한 결정으로 인해 엉덩이에 화상을 입었다면, 그다음 그들은 엉덩이에 생긴 물집을 가지고 앉아야만 할 뿐입니다.

[의역] 선거란 사람들의 책무입니다. 선거는 그들의 결정에 따라 결과가 나옵니다. 만일 그들이 선거를 무시한 결과에 따라 피해를 본다면, 그들은 그 피해를 감수하여야 할 것입니다.

성경 Bible

In regard to this Great Book, I have but to say, it is the best gift God has given to man. All the good the Savior gave to the world was communicated through this book.

But for it we could not know right from wrong. All things most desirable for man's welfare, here and hereafter, are found portrayed in it.

이 위대한 책에 관해서는 하나님이 인간에게 주신 가장 고귀한 선물이라고 말할 수밖에 없습니다. 하나님이 이 세상에 내려 주신 모든 좋은 것이 이 책을 통해 전달되고 있습니다.

이 책이 없다면 우리는 무엇이 옳고 그른가를 알 수 없습니다. 현재와 미래에서 인간의 행복을 위하여 가장 바람직한 모든 것이 이 책 안에 묘사되어 있는 것을 알 수 있습니다.

성공 success

I like to see a man proud of the place in which he lives. I like to see a man live so that his place will be proud of him.

나는 본인이 사는 곳을 자랑스럽게 생각하는 사람을 지켜보기를 좋아합니다. 그곳에 삶으로써 그곳 역시 그를 자랑스럽게 여기게 되는 날이 오기를 기대합니다.

[의역] 나는 본인이 사는 곳을 자랑으로 생각하는 사람을 지켜보기를 좋아합니다. 그가 미래에 훌륭한 인사가 되어, 그가 살았던 곳이 대중에게 유명해지는 것을 보고 싶습니다.

성공 success

I say "try", if we never try, we shall never succeed.

나는 "해 봅시다"라고 말합니다. 만일 우리가 시도조차 하지 않는 다면, 우리는 절대로 성공할 수 없을 것입니다.

성공 success

Success is going from failure to failure without losing your enthusiasm.

성공이란 당신이 열정을 잃지 않고 실패를 거듭하는 것입니다.

[의역] 당신이 열정을 잃지 않는다면, 계속해서 실패를 한 후에는 반드시 성공할 것입니다.

속임수 deceit

Deceit and falsehood, especially if you have a bad memory, are the worst enemies a fellow can have.

만일 당신의 기억력이 특별히 나쁘다면, 속임수와 거짓말은 당신이 가질 수 있는 최악의 적들입니다.

신념 faith

I would rather be a little nobody, than to be a evil somebody.

나는 사악하게 유명한 사람이 되기보다는 차라리 보잘것없는 아무개가 되는 것이 더 낫습니다.

실수 mistake

The person who is incapable of making a mistake, is incapable of anything.

실수를 저지를 수 없는 사람은 아무것도 할 수 있는 능력이 없습니다.

애국심 patriotism

There are no emoluments that properly belong to patriotism.

애국심에 합당하게 준하는 (높은) 보수는 없습니다.

[의역] (높은) 보수를 바라고 행하는 애국심은 없습니다.

언쟁 quarrel

Quarrel not at all. No man resolved to make the most of himself can spare time for personal contention. Still less can he afford to take all the consequences, including the vitiating of his temper and loss of self control.

언쟁은 결코 하지 마십시오. 자기 자신을 최대한 활용하기로 다짐한 사람은 사사롭게 언쟁할 시간을 낼 수가 없습니다. 더욱이 그는 자기 기분을 손상시키고, 자제력을 잃게 하는 것들을 포함한 모든 사태를 겪을 여유가 없습니다.

여론/민심 public opinion

There is both a power and magic in public opinion.

여론은 힘과 마력(魔力)을 모두 가지고 있습니다.

역사 history

History is not history unless it is the truth.

역사의 진실을 왜곡한다면 그것은 역사가 아닙니다.

영광 honor

Always let your subordinates know that the honor will be all theirs if they succeed and the blame will be yours if they fail.

만일 당신의 부하들이 성공하면 그 영광은 모두 그들의 것이고, 실패하면 당신이 대신하여 비난을 받을 것이라는 사실을 부하들이 항상 알게 하십시오.

[주] 토사구팽(兎死狗烹), 즉 사냥하던 토끼를 잡으면 토끼를 잡은 사냥개도 필요 없게 되어 주인에게 삶아 먹힌다는 뜻으로, 필요할 때는 이용하고 불필요할 때는 야박하게 버린다는 말입니다. 위와 같이 정의롭지 못한 행동은 이 명언의 정반대되는 경우라고 볼 수 있습니다.

영웅 hero

A nation that does not honor its heroes will not long endure.

국가의 영웅을 기리지 않는 나라는 영속되지 못할 것입니다.

예의/범절 manners

We should be too big to take offense and too noble to give it.

우리는 모욕을 받았을 때 아주 관대해야 하며, 또한 모욕을 주는 것에 매우 겸손해야 합니다.

[의역] 우리는 모욕을 받아도 도량이 매우 넓게 받아들여야 하며, 남의 감정을 상할 모욕을 주지 않도록 매우 절제해야 합니다.

용기 courage

Courage is not the absence of fear. It is going forward with the face of fear.

두려움이 없는 것이 용기가 아닙니다. 용기는 두려움의 얼굴을 가지고 전진하는 것입니다.

원칙 principle

I am not bound to win but I am bound to be true. I am not bound to succeed but I am bound to live the best life that I have.
I must stand with anybody that stands right, stand with him while he is right and part with him when he goes wrong.

내가 꼭 이겨야만 하는 것은 아닙니다. 그러나 나는 진실해야만 합니다. 나는 꼭 성공해야만 하는 것은 아닙니다. 그러나 나는 나에게 주어진 최고의 삶을 살아야 합니다.

나는 누구든 옳은 것을 추구하는 사람을 지지해야 합니다. 그가 옳을 때에는 지지해 주고, 옳지 못하게 될 때에는 그를 떠나야 합니다.

위험 danger

We hope all danger may be overcome, but to conclude that no danger may ever arise would itself be extremely dangerous.

우리는 모든 위험이 극복될 수 있을 것이라고 희망합니다. 그러나 언제든 아무 위험도 발생하지 않는다는 결론 그 자체는 극도로 위험할 것입니다.

의무 duty

It is a sin to be silent when it is your duty to protest.

당신이 항의해야 할 의무가 있을 때 입을 다물고 있는 것은 죄입니다.

의무 duty

With Malice toward none, with charity for all, with firmness in the right, as God gives us to see the right, let us strive on to finish the work we are in⋯.

하나님께서 우리에게 선을 행할 수 있는 능력을 주셨으므로 누구에게도 악의를 품지 말고, 모든 이에게 관용을 베풀며, 진실에 의거한 확신을 가지고, (조국의 상처를 치유하기 위하여) 우리가 당면한 임무를 완수하는 데 최선을 다합시다.

인류애 brotherhood

You cannot further the brotherhood of man by encouraging class hatred.

당신은 계층 간의 증오를 조장함으로써 인류애를 발전시켜 나갈 수 없습니다.

인정 recognition

Don't worry when you are not recognized, but strive to be worthy of recognition.

당신이 인정받지 못한다고 걱정하지 말고, 인정받을 만한 사람이 되기 위하여 분투하십시오.

자유 freedom

Freedom is not the right to do what we want, but what we ought.

자유란 우리가 하고 싶은 일을 하는 권리가 아니라, 우리가 해야 할 일을 하는 권리입니다.

자유 freedom

Those who are ready to sacrifice freedom for security ultimately will lose both.

안보를 지키기 위하여 자유를 희생할 준비가 되어 있는 자들은 궁극적으로 양쪽(안보와 자유)을 다 잃을 것입니다.

[주] 예를 들어, 독재국가와 같이 안보를 핑계로 국민들의 권리와 자유를 희생시킨다면 그 나라는 결국 모든 것을 잃고 망할 것입니다.

자유 freedom

Freedom is the last, best hope of earth.

자유는 지구상에 존재하는 마지막이자 가장 존귀한 희망입니다.

적 enemy

Do I not destroy my enemies when I make them my friends?

내가 적들을 나의 친구들로 만든다면, 내가 그 적들을 없애 버린 것과 같지 않습니까?

전략 tactic

Better give your path to a dog than be bitten by him in contesting for the right. Even Killing the dog would not cure the bite.

길 지나가는 권리를 찾으려다 개에게 물리는 것보다는, 개에게 길을 내주는 것이 낫습니다. 그리고 개를 죽인다고 해서 물린 상처가 치료되는 것은 아닙니다.

절제력 discipline

Discipline is choosing between what you want now, and what you want most.

절제력이란 당신이 당장 원하는 것, 그리고 가장 원하는 것들 중의 하나를 선택하는 것입니다.

정의 right

It has been said of the world's history hitherto that might makes right. It is for us and for our time to reverse the maxim, and to say that right makes might.

지금까지의 세계사는 권력이 정의를 만든다고 말해 왔습니다. 그 격언을 거꾸로 바꾸어, 정의가 권력을 만든다고 말하는 것이 우리와 우리 시대가 해야 할 일입니다.

정치가와 정치인 statesman & politician

A statesman is he who thinks in the future generations, and a politician is he who thinks in the upcoming elections.

정치가(政治家)란 미래의 세대를 생각하는 사람이고, 정치인(政治人)이란 앞으로 다가올 선거들을 생각하는 사람입니다.

[주] 그 당시나 지금이나 똑떨어지는 명언입니다.

주목 publicity

What kills a skunk is the publicity it gives itself.

스컹크를 죽게 만드는 원인은 스스로 (독한 냄새를 풍겨) 여러 사람들에게 주목을 받게 만들기 때문입니다.

[주] 스컹크는 지독한 냄새를 풍기는 족제빗과 동물입니다.

죽음 death

"Now he belongs to the ages."

"이제 그(링컨 대통령)는 시대의 위대한 인물이 되었습니다."

[주] 1865년 4월 링컨 대통령이 암살당한 후, 다음 날 링컨의 임종 시 각료(Secretary of War)였던 에드윈 스탠턴(Edwin M. Stanton)이 그의 옆에서 외친 말입니다.

지식 knowledge

Investment in knowledge pays the best interest.

지식에 대한 투자는 가장 좋은 이문을 남깁니다.

[의역] 사람들이 지식을 넓히는 것은 그들에게 가장 좋은 혜택이 돌아오게 해 줍니다.

지혜 wisdom

If we exchange one dollar, we both have one dollar each. But if we exchange one good thought, we both have two good thoughts.

우리가 1달러를 서로 교환한다면 우리는 각자 1달러씩 갖게 됩니다. 그러나 우리가 하나의 좋은 의견을 서로 교환한다면 우리 모두는 두 개의 좋은 의견을 갖게 될 것입니다.

진실 truth

There is another old poet whose name I do not now remember who said, "Truth is the daughter of time, not of authority."

내가 지금 이름을 기억할 수 없는 어떤 늙은 시인이, "진실이란 시간의 자손이지, 권력의 자손이 아니다."라고 말했습니다.

[의역] 내가 지금 이름을 기억할 수 없는 어떤 늙은 시인이, "진실은 시간의 흐름이 밝혀 주는 것이고, 권력에 의하여 좌지우지되는 사항이 아니다."라고 말했습니다.

진실 truth

Truth is generally the best vindication against slander.

진실은 일반적으로 중상모략에 대항할 수 있는 가장 좋은 해명입니다.

철학 philosophy

The philosophy of the school room in one generation will be the philosophy of government in the next.

한 세대가 학교 교실에서 배우는 철학은 다음 세대에서 그들 정부의 철학이 될 것입니다.

[주] 학교에서 가르치는 올바른 공교육의 중요성은 아무리 강조해도 지나치지 않으며, 어쩌면 나라의 존폐에도 영향을 미칠 수 있음을 일깨워 줍니다.

통일 unification

May our children and our children's children to a thousand generations, continue to enjoy the benefits conferred upon us by a united country.

우리의 아이들과 그 아이들의 아이들이 천대(千代)에 걸쳐 통일된 나라가 우리에게 부여한 혜택을 계속해서 즐길 수 있도록 할지어다.

[주] 여기서 'a united country'는 남북전쟁이 끝난 후 통일된 미합중국을 의미합니다. 이는 특히 통일을 염원하는 우리나라가 바라는 소원이기도 합니다.

투표 vote

It is not the qualified voters, but the qualified voters who choose to vote, that constitute political power.

정치세력을 구성하는 자들은 투표할 자격이 있는 사람들이 아니라, 그들 중 투표를 선택한 사람들입니다.

[주] 여기서 'who choose to vote'는 실제로 투표를 할 사람들을 뜻합니다.

평판 reputation

Reputation is like fine china, Once broken it's very hard to repair.

평판이란 질 좋은 도자기와 같은 것입니다. 한번 깨지면 보수하기가 매우 어렵습니다.

하나님 God

It is not "Is God on my side?", but "Am I on God's side?"

"하나님께서 나의 편이신가?"가 아니라, "내가 하나님 편인가?"

가 맞는 말입니다.

합의 by concert

We can succeed only by concert. It is not "can any of us imagine better?" but "can we all do better?"

우리는 합의에 의하여서만이 성공할 수 있습니다. 그것은 "우리 중 어떤 사람이 더 좋은 창의력을 발휘할 수 있느냐?"가 아니라, "우리 모두가 함께 더 잘할 수 있느냐?"입니다.

행복 happiness

Most folks are about as happy as they make up their minds to be.

대부분의 사람들은 그들이 행복하다고 마음먹은 만큼 행복해집니다.

희망 hope

Behind the cloud the sun is still shining.

(하늘에) 구름이 끼어 있어도 그 구름 뒤에는 항상 해가 비치고 있습니다.

[의역] 인생살이에 역경이 닥쳤더라도 지나고 나면 쨍하고 해 뜰 날이 돌아올 것입니다.

교제 companionship

Lonely men seek companionship. Lonely women sit at home and wait. They never meet.

외로운 남자들은 교제를 원합니다. 외로운 여자들은 집에 앉아서 기다립니다. 그러니 그들은 절대로 만날 수 없습니다.

글 writing

Those who write clearly have readers, those who write obscurely have commentators.

뜻이 분명하게 글을 쓰는 사람에게는 독자가 있고, 글을 애매하게 쓰는 사람에게는 해설자가 있습니다.

맛 taste

If this is coffee, please bring me some tea, but if this is tea, please bring me some coffee.

이것이 커피면 나에게 차를 가져다주시고, 이것이 차라면 나에게 커피를 가져다주십시오.

[의역] 이 음료 맛은 커피치고는 너무 싱겁고, 차라면 너무 씁니다. 즉, 맛이 커피인지, 차인지를 구분 못할 정도로 형편없습니다.

바보 sucker

Why don't I drink from a straw? Because straws are for suckers.

내가 빨대를 써서 음료를 마시지 않는 이유를 아십니까? 빨대는 바보를 위한 것이기 때문입니다.

[주] 여기서 'sucker'는 빠는 사람으로 번역되지만, 바보라는 뜻도 있습니다.

비밀 secret

It's not me who can't keep a secret. It's the people I tell that can't.

비밀을 지킬 수 없는 사람은 내가 아닙니다. 내가 비밀을 말해 준 그들이 비밀을 지킬 수 없는 사람들입니다.

설명 explanation

I fear explanations explanatory of things explained.

나는 설명된 일들을 설명하기 위한 설명을 두려워합니다.

[의역] 이미 알려진 일들은 또 다시 설명할 필요가 없습니다.

싸움 fight

I have learned a great many years ago that in a fight between husband and wife, a third party should never get between the woman's skillet and the man's ax-handle.

부부싸움 중에 제3자가, 여자가 든 프라이팬과 남자가 든 도끼 손잡이 사이에 끼어들어서는 안 된다는 것을, 나는 아주 옛날부터 잘 알고 있었습니다.

얼굴 face

If I were two-faced, would I be wearing this one?

만일 내가 두 얼굴의 주인공이라면, 이 얼굴을 택할 것 같습니까?

[주] 그 당시 링컨 대통령은 자신의 얼굴에 만족하지 못하였으므로, 만일 두 개의 얼굴 중 하나의 선택권이 있다면 지금 얼굴이 아닌 다른 얼굴을 선택하지 않았을까 생각됩니다.

예측 predictability

There are two things even God Almighty doesn't know, how a jury will decide, and who a widow will marry.

전능하신 하나님마저도 모르는 두 가지 일이 있습니다. 배심원은 어떻게 결정할까? 그리고 과부는 누구와 결혼할까?

위선자 hypocrite

Hypocrite: The man who murdered his parents, and then pleaded for mercy on the grounds that he was an orphan.

위선자란 자기 부모를 죽인 다음, 본인이 고아라는 이유를 들어 자비를 호소하는 자입니다.

위원회 committee

Committee: A group which succeeds in getting something done only when it consists of three members, one of whom happens to be sick and another absent.

위원회란 아픈 위원 한 명과 결석한 위원 한 명을 포함한 세 명의 위원으로 구성되었을 때만, 어떤 일을 성공적으로 처리할 수 있는 그룹입니다.

판단/평가 judgement

Don't judge a man by the size of his ego or his heart, but on the epicness of his beard and the beautiful woman on his arm.

자존심 혹은 도량의 크기를 가지고 사람을 평가하지 말고, 그가 가진 수염의 웅장함과 그의 팔에 안긴 아름다운 여인을 보고 그를 평가하십시오.

[주] 이 글은 링컨이 자신을 빗대어 농담(joke)으로 한 말인 듯합니다.

에드윈 스탠턴(Edwin M. Stanton) 링컨 각료의 육군장관

"이제 그(링컨 대통령)는 시대의 위대한 인물이 되었습니다."

[주] 1865년 4월 링컨의 임종 시 그의 옆에서 외친 말입니다.

메리 토드 링컨(Mary Todd Lincoln) 링컨의 부인

링컨은 이 세상에서 가장 친절하고 다정하며 사랑스러운 남편입니다.

세라 부시 존스턴 링컨(Sarah Bush Johnston Lincoln) 링컨의 계모

링컨은 착한 아이였고, 물리적인 노동은 싫어하였지만 열심히 공부하였으며, 무엇이든 알기를 좋아하였습니다.

윌리엄 헌든(William H. Herndon) 친구, 변호사 사무실 동업자

진실과 공평성의 원칙에 대하여 그의 의지는 강철같이 단단하였고 무쇠같이 완강하였습니다.

조슈아 스피드(Joshua F. Speed) 친구, 켄터키주 국회의원

곤경에 처한 경우에는 사람, 짐승, 혹은 조류를 불문하고 링컨은 가장 다정한 마음을 가졌습니다. 그의 태도나 품격은 남과 다릅니다.

윌리엄 도스터(William E. Doster) *Lincoln and Episodes of the Civil War*의 저자

링컨은 대화를 나눌 때 자신의 의견을 제안하기보다는 다른 사람들의 의견을 구하는, 인내심 있고 주의 깊게 듣는 사람이었으며, 결론을 내리기 전에 모든 국면에서 사건을 숙고해 보려고 노력하였습니다.

엘리자베스 케클리(Elizabeth Keckley) *Behind the Scenes*의 저자

여러분이 다 아시다시피 링컨은 잘생긴 사람이 아니었습니다. 그는 우아한 몸매나 잘생긴 얼굴로 칭찬받은 것이 아니라, 그의 영혼의 고귀함과 웅대한 마음으로 존경을 받았습니다.

프레더릭 더글러스(Frederick Douglass) 사회개혁가, 노예폐지론자, 연설가, 작가, 정치가

링컨과의 모든 인터뷰를 통하여, 그는 유색인종에 대한 온갖 편견에 완전히 자유롭다는 인상을 받았습니다.

윌리엄 셔먼(William T. Sherman) 군인, 사업가, 교육자, 저자

여태껏 내가 만난 모든 사람들 가운데 그 누구에게서도 보지 못한 선량함을 겸비한 위대한 분으로 보입니다.

레오 톨스토이(Leo Tolstoy) 러시아 작가, 사상가

링컨의 위대함이 태양이라면, 나폴레옹(Bonaparte Napoléon), 카이사르(Julius Caesar) 혹은 워싱턴(George Washington)의 위대함은 달에 불과합니다. 그의 본보기는 전 세계적이며, 앞으로 수천 년은 지속될 것입니다.

마틴 루서 킹(Martin Luther King) 침례교 목사, 정치운동가

현재 우리는 한 위대한 미국인의 상징적 영향하에 있습니다. 그 링컨 대통령이 100년 전에 노예해방선언문에 서명하였습니다…. 그 사건은 노예 생활의 긴긴 밤에 종지부를 찍는 즐거운 여명과 같이 다가왔습니다.

앨버트 헤일(Albert Hale) 스프링필드 제 2장로교회의 목사

그의 도덕성은 여기에 있는 우리 모두를 창피함이나 흠이 없이 뒤받쳐 주고 있습니다.

마리오 쿠오모(Mario M. Cuomo) 뉴욕 주지사

나는 링컨이 우리에게 대단한 글을 남겨 준 데 대하여 지극히 고맙게 생각합니다. 나는 그 글들을 다시 볼 수 있는 기회를 갖고, 또 오늘날의 도전을 다룰 수 있는 교훈을 그 글들로부터 이어받은 데 대하여 자랑스럽게 생각합니다.

김동길(Dong Gil Kim) 연세대학교 명예교수, 링컨아카데미 원장

어쩌다 백악관의 주인 노릇을 잠시 한다고 믿었던 그 사람, 미국 대통령 에이브러햄 링컨! 그는 과연 답답한 인류의 역사 속에 불고 간 시원한 바람이었다. 시원한 바람이란 으레 이렇게 왔다, 이렇게 가는 것을.

1809. 2. 12.

• 켄터키주 호젠빌(Hodgenville)에서 에이브러햄 링컨 탄생.

• 아버지 토머스 링컨(Thomas Lincoln)과 어머니 낸시 행크스 링컨
(Nancy Hanks Lincoln)의 세 자녀 중 둘째.

1815~1824

• 짧은 기간 동안 학교에 다님.

1818

• 낸시 행크스 링컨 별세.

1827

• 인디애나주 트로이(Troy)에서 뱃사공과 농장 일꾼으로 일함.

1830~1832

• 일리노이주 뉴세일럼(New Salem)으로 이주, 가게 점원으로 일함.
그리고 'Berry-Lincoln Store'의 공동 운영자가 됨.

• 첫 번째 여자 친구인 앤 러틀리지(Anne Rutledge)를 만남.
그러나 1835년에 여자 친구가 사망.

1833

• 뉴세일럼시의 우체국장으로 임명됨.

1834

• 일리노이주 국회(General Assembly)의 의원으로 당선.

1836

- 휘그당(Whig Party)의 지도자로 선출.
- 일리노이주에서 변호사 면허증을 획득.

1837~1841

- 일리노이주 스프링필드(Springfield)로 이사.
- 일리노이주 국회의원으로 재당선.

1842

- 일리노이주 스프링필드시에서 메리 토드(Marry Todd)와 결혼.

1844

- 스프링필드의 저택으로 이사하고, 1861년까지 거주.
- 자기 자신의 변호사 사무실을 개점.

1846~1859

- 미국 하원(House of Representatives) 의원으로 선출.
- 스프링필드로 귀환하여 변호사 활동을 재개.
- 여러 분야의 정치 활동에 참여.

1860

- 뉴욕시이 쿠퍼유니언(Cooper Union)에서 노예제도와 미합중국 헌법 제정자 등에 대한 유명한 연설을 함.
- 미국 제16대 대통령에 당선.

1861

- 3월 4일, 미국 제16대 대통령으로 취임.
- 4월 12일, 남북전쟁(The Civil War) 발발.

1862

- 4월 16일, 노예제도 폐지를 위한 법률에 서명.

1863

- 1월 1일, 최종 노예제도 폐지 선언서를 공표.
- 11월 19일, 펜실베이니아주에 위치한 게티즈버그(Gettysburg) 국립 묘지에서 전 세계적으로 유명한 연설(Gettysburg Address)을 함.

1865

- 3월 4일, 두 번째 대통령 취임식에서 연설.
- 4월 9일, 남북전쟁이 북군의 승리로 종료.
  북군: 율리시스 그랜트(Ulysses S. Grant) 장군, 남군: 로버트 리 (Robert E. Lee) 장군.
- 4월 14일, 워싱턴D.C.의 포드 극장(Ford's Theatre)에서 암살범 존 부스(John W. Booth)에게 총 맞은 후, 길 건너 피터슨하우스 (Petersen House)에서 4월 15일에 서거.
- 일리노이주 스프링필드시에 위치한 오크리지 묘지(Oak Ridge Cemetery)에 영원히 안장.

- 가훈(家訓)

  "常尋待未然 敏及求其機"(상심대미연하고, 민급구기기하라)

  이것은 "미래를 위해 항상 준비하고, 주어진 바른 기회를 놓치지 말라."라는 뜻입니다.

- 인생은 눈 깜짝하는 동안 미지(未知)의 역을 향하여 쉬지 않고 질주하는 일방통행 급행열차입니다.

- 인생의 보람은 태어나서 죽을 때까지 모르는 것을 배우고, 아는 것은 가르치는 것입니다.

- 인간이 궁극적으로 얻고 싶은 것은, 사는 동안의 건강과 마지막에 남는 사랑의 추억일 뿐입니다.

- 본인의 생각과 다른 의견들도 과감하게 포용할 수 있는 마음가짐은 우리의 인격을 높이는 원동력이 됩니다.

- 쓴 돈만이 내 돈이라는 말이 있듯이, 실천 없는 지식(지혜)은 무용지물입니다.

- 시간은 약인 동시에 독이나, 가장 위안이 되는 사실은 시간이 만물에 평등하다는 점입니다.

- 세상에는 완전한 것도 없고 영원한 것도 없으나, 모든 삶은 하나님의 섭리에 따라 지속됩니다.

- 반려동물에게도 하나님께서 천지의 만물을 창조하신 목적에 부합한 권리와 자유를 부여하여야 합니다.

- 적폐(積弊)로부터 교훈을 배워 제도를 개선하는 것은 역사적 사명의 일부입니다. 그러므로 과거는 잊는 것도, 청산하는 것도 아닌 배우는 것입니다.

- 정직하고, 예의 바르며, 책임감 있고, 이성(理性)이 감성(感性)을 제어할 수 있는 사고방식이 선진사회의 기본 요소입니다.

- 태초에 인간의 욕심이 선악과를 따먹었고, 요즈음 인간의 욕심이 자연을 무차별 파괴하고 있으니, 그 만행을 즉각 멈추지 않는다면 머지않아 자연이 내리는 무거운 대가를 치르게 될 것입니다.

- 미래에 지속 가능한 인간의 삶을 유지하기 위하여서는 자연의 파괴를 즉각 멈추고, 자연과 조화(harmony)를 이루어 자연의 편에 서서 살아야 합니다.

- 미래의 에너지는 재생이 가능하여 무진장하며, 또한 환경친화적인 청정에너지여야 합니다. 신재생에너지(태양에너지, 풍력, 바이오 등), 수소에너지, 신원자력에너지(고속증식로, 인공태양 등)가 그 대표적 예입니다.

- 미래 에너지의 실용화가 조속히 이루어지지 않는다면, 우리는 장차 자연재해를 피하기 위하여 땅속(under ground)이나 물속(under water)에서 살아야 하는 고초를 겪을지 모릅니다.

(2019년 11월, 가나다순, 존칭 생략)

＊링컨아카데미는 에이브러햄 링컨의 탄신 206주년을 기념하여, 2015년 2월 12일 김동길 박사가 링컨사상연구소(Institute of Lincoln's Ideology)라는 명의로 창립한 사설 연구 기관입니다.

강미숙, 강성학, 강태진, 강혜연, 강흥구, 고혜정, 김도경, 김동건, 김동길(원장), 김민자, 김영자, 김원식, 김의광, 김자성, 김종석, 김형국, 김혜선

나경원, 남상덕, 남재준

박동순, 박평우, 방희영

심동보

양창영, 오정무, 유일영, 윤현주, 이광자, 이영훈, 이영희, 이용만, 이용환, 이은산, 이혜양, 이희영, 이희정

전영혜, 정덕구, 정훈, 조세현, 조영기, 조창조, 조한승, 주용석

차광은, 최명, 최성호

한숙향, 허형택, 홍의빈(총무), 황무영

세상을 감동시킨 링컨의 명언

초판 1쇄 발행 **2020년 3월 30일**

엮은이 **오정무**

펴낸이 **김선기**
펴낸곳 **(주)푸른길**
출판등록 **1996년 4월 12일 제16-1292호**
주소 **(08377) 서울시 구로구 디지털로 33길 48 대륭포스트타워 7차 1008호**
전화 **02-523-2907, 6942-9570~2**
팩스 **02-523-2951**
이메일 **purungilbook@naver.com**
홈페이지 **www.purungil.co.kr**

ISBN **978-89-6291-867-0 03190**

• 이 도서의 국립중앙도서관 출판예정도서목록(CIP)은 서지정보유통지원시스템 홈페이지(http://seoji.nl.go.kr)와 국가자료공동목록시스템(http://www.nl.go.kr/kolisnet)에서 이용하실 수 있습니다.(CIP제어번호: CIP2020009824)